POËME

SUR

LA GRACE.

A PARIS,

M. DCCXXII.

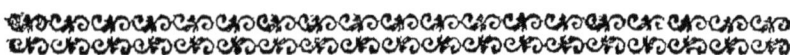

P R E F A C E.

LEs raifons qui me font craindre le Public en lui prefentant cet Ouvrage, font fi juftes & fi naturelles, que je puis les avoüer fans qu'on foupçonne en moi cette fauffe modeftie des Auteurs qui affectent un langage timide, lorfqu'ils fe croyent le plus affûrez. J'écris fur une matiere abftraite & difficile, j'attaque les préjugez de la raifon toûjours prête à fe revolter contre un myftere qui choque fon orguëil ; & comme on a cherché differentes voyes pour concilier la liberté avec la Grace, je puis aifément, malgré mes intentions, déplaire à ceux dont je n'ai pas fuivi les opinions : enfin les perfonnes qui me laiffant en paix du côté de la Doctrine, ne regarderont en moi que le Poëte, feront d'autant plus feveres contre mes défauts, que mon nom feul me rendra moins excufable.

Ce nom, loin qu'il prévienne en ma faveur, ne fert qu'à fournir des armes contre moi. La gloire des peres eft un fardeau penible pour leurs enfans, & la

ã

peine qu'ils ont à la foûtenir, les découragent plus fouvent qu'elle ne les anime. Auffi a-t-on vû rarement ceux qui fe font rendus illuftres, foit dans les armes, foit dans les lettres, laiffer des fucceffeurs dignes de leur reputation. Il paroît même que les fils des grands hommes ont prefque tous dégeneré, peut-être parce qu'on exige trop d'eux ; on leur redemande des talens qu'ils ne font point obligez d'avoir, & l'on s'imagine qu'ils doivent reprefenter un bien qu'on ne reçoit jamais par droit d'heritage.

J'ai donc fujet d'apprehender qu'on ne me juge avec la même rigueur ; je pourrois peut-être apporter quelques raifons capables de la fléchir, mais comme les Lecteurs font en droit de ne point écouter nos raifons, je n'alleguerai ni la jeuneffe de ma Mufe, ni la difficulté de la matiere qu'elle traite, dans laquelle il eft impoffible de ne pas facrifier quelquefois l'exactitude d'une rime, & l'harmonie d'un vers, à la precifion des termes Theologiques. Je ne rapporterai pas non plus les motifs particuliers qui m'ont engagé à choifir une matiere fi épineufe, parce qu'il faudroit pour en rendre compte, expliquer de quelle maniere j'ai paffé

ma jeuneſſe, quelles ont été mes premieres études, & entrer dans un détail au-
quel le Public ne prend aucun interêt.

Il me ſuffit de dire ici, qu'aprés la lecture
de ſaint Proſper & de quelques traitez de
ſaint Auguſtin, ayant voulu mettre en vers
ce que j'avois appris ſur le myſtere de la
Grace, la nouveauté d'un tel deſſein, &
la curioſité qu'excitoit une matiere agitée
depuis ſi long-tems, cauſa de l'empreſſe-
ment pour entendre mon Ouvrage. Le
ſeul titre en fit la reputation, & les fre-
quentes lectures qu'on exigea de moi, le
rendirent ſi connu, que je ne pouvois
plus me diſpenſer de l'abandonner à l'im-
preſſion ; mais comme on ne doit jamais
faire aucun fonds ſur les loüanges qu'on
reçoit dans les aſſemblées où l'on recite
ſes vers, je craignis que ceux mêmes qui
avoient paru m'entendre avec plaiſir &
m'approuver , ne revoquaſſent leur ap-
probation quand mon Ouvrage ſeroit
expoſé ſous leurs yeux. Pour éviter une
diſgrace ſi commune , je m'appliquai ſe-
rieuſement à connoître les défauts qui en
ſeroient la cauſe , & dans cet examen difficile à un homme que ſon interêt rend
toûjours aveugle, j'eus le bonheur de trouver quelques perſonnes vraiment éclairées,

qui me fecoururent avec tant d'affection , que je dois ici leur en témoigner ma re- connoiffance.

Né , pour ainfi dire , dans le fein des Mufes , avec une grande inclination pour elles , & peut-être quelques difpofitions à les fuivre , j'ai perdu dés la plus tendre enfance celui qui pouvoit m'inftruire le mieux à leur commerce par l'autorité qu'il avoit fur moi , & par la longue ha- bitude qu'il avoit avec elles. Je puis dire de Monfieur Defpreaux ce qu'Ovide difoit *Triſt.* de Virgile : *Virgilium vidi tantum* , Je *l. 4.* n'ai fait que le voir , & je n'étois point en *Eleg.* âge de mettre à profit la converfation d'un *10.* fi grand maître. Ainfi lorfque j'ai eu l'am- bition d'entrer dans la carriere Poëtique , je me fuis trouvé fans guide , & conduit par moi feul , il m'eft arrivé fouvent de m'égarer. Le Poëme que je donne aujour- d'hui quelque éloigné qu'il foit de la per- fection , en feroit dans une diftance beau- coup plus grande encore , fans les lumie- res que m'ont bien voulu accorder ces per- fonnes auprés defquelles ma Mufe a trou- vé un accés auffi utile pour elle qu'il eft honorable : & s'il m'étoit permis de mettre les noms de ceux qui ont daigné être mes cenfeurs , j'en tirerois plus de gloire que les auteurs n'en tirent de ces approbations flateufes qu'ils amaffent à la tête de leurs livres. Mon amour propre n'a rien fouffert en fe foûmettant aux decifions de Juges fi habiles ; j'ai corrigé avec docilité les fautes qu'ils ont reprifes, & s'il en refte encore beaucoup , elles n'ont point échappé à leur vûë, mais je n'ai point toûjours été capable de les ôter.

Ces fautes que je reconnois fans peine , ne regardent que la Poëfie ; mais fur celles qui pouvoient alterer la doctrine , je ne me fuis jamais permis aucune negligence. J'ai eu la précaution la plus fcrupuleufe , pour ne rien laiffer qui meritât une cenfure raifonnable: car j'ofe dire auffi , qu'il feroit injufte de faire le procés à un Poëte , comme on le feroit à un Theologien , de vouloir rappeller tous mes mots à la précifion de l'école, & de prétendre que je dois parler en vers comme on eft obligé de parler dans des Differtations Theologiques. Un Poëte n'écrit point pour les Docteurs , mais pour le commun du monde ; il me fuffit donc d'expliquer fur la Grace ce que tout le monde peut entendre , & ce que tout le monde doit fçavoir. La Poëfie a cet avantage qu'elle rend fenfibles au peuple les veritez les plus abftraites, par les images vives & naturelles fous lefquelles elle les prefente ; on lui raviroit ce privilege, fi on la foûmettoit à des loix rigoureufes, qui la rendiffent feche & fterile.

J'ai fouvent employé les termes de l'Ecriture - Sainte & des Peres, & c'eft en cela feulement que confifte le merite de mon travail ; je ne prétends pas non plus en tirer comme Poëte une grande gloire ; je n'ai prefque fait que traduire, & j'ai remarqué que les endroits qui ont été le mieux reçus, lorfque je les ai recitez, étoient l'affemblage de plufieurs penfées des Prophetes renduës fidellement ; auffi faut-il avoüer que l'Ecriture-Sainte nous fournit les idées les plus nobles & les plus magnifiques, & qu'on ne trouve point ailleurs ce veritable fublime qui charme tous les hommes, cet entoufiafme divin qui faifit l'ame, qui l'étonne & qui l'enleve.

Au refte je n'ay jamais eu d'autre deffein dans cet Ouvrage que d'établir le fiftême de faint Auguftin, touchant la delectation victorieufe ; car quoique depuis quelque tems plufieurs celebres défenfeurs de la prémotion phyfique prétendent avoir

entierement pour eux le même S. Auguſtin;
pour moi qui ne ſuis point aſſez habile pour
en juger, j'ai crû devoir ſuivre l'opinion
commune, ſelon laquelle ce Pere a mis
de la difference entre les ſecours des
deux états. Mais quelque autorité que ce
grand Saint ſe ſoit acquiſe ſur tout dans
cette matiere, comme l'Egliſe n'a point
encore condamné tous ceux qui ſuivent
d'autres maîtres, il ne m'eſt point permis
de les accuſer d'erreur. Auſſi n'ai-je at-
taqué qu'un ſeul des Ecrivains modernes;
j'ay dit que ſon dangereux ſiſtême étoit
une erreur qu'on devoit déteſter ; mais
en cela j'eſpere ne choquer perſonne,
parce que perſonne aujourd'hui ne ſoûtient ſa doctrine dans toute ſon étenduë,
& que quelques-unes de ſes maximes ont
déja été cenſurées par le Clergé de France.

Eloigné de toute paſſion pour la diſpute,
à plus forte raiſon l'ai-je été de toute hu-
meur ſatyrique. Quoique par la malignité
des hommes, les traits de ſatyre contri-
buent infiniment à donner de la vogue aux
écrits, & que les Poëtes ſoient plus enclins
que les autres à railler, je n'ai point eu la
tentation de gagner quelques avantages
par une voye ſi ſouvent criminelle, & toû-
jour; tres dangereuſe. Il eſt permis aux gens

de lettres de s'attaquer les uns les autres ;
les guerres alors font innocentes & utiles,
pourvû qu'elles ne fe faffent point avec ani-
mofité ; mais il n'eft point permis dans les
écrits de Religion de choquer ouverte-
ment ceux qui ne penfent pas comme
nous, lorfque ce qu'ils penfent n'a point
été declaré contraire à la Foi. La verité doit toûjours être défenduë avec les
armes de la charité : & l'on s'oppofe foi-
même au progrés qu'elle peut faire, quand
on l'annonce avec un ton d'aigreur. Comme dans le feu de la jeuneffe, il étoit
difficile qu'il ne me fût échappé quelques
traits un peu hardis, la reflexion me les
a fait enfuite retrancher ; & facrifiant fans
peine les interêts de la Poëfie à ceux de
la Religion, j'ai mieux aimé affoiblir quelques vers, que d'y laiffer des vivacitez
contraires à l'efprit de paix.

Quoique le dogme de la Grace ait été
la caufe de plufieurs guerres parmi les
Chrétiens, je me fuis particulierement ap-
pliqué à parler de celles que nous avons
foûtenuës contre les heretiques. Je n'ai
point crû qu'il fût neceffaire de reveiller le
trifte fouvenir des troubles que nous avons
vus naître dans notre fein ; & loin de nous
plaire au recit de ces funeftes diffenfons,

nous

nous devrions en perdre jufqu'à la memoire, *fi tam in noftra poteftate effet oblivifci, quam tacere.*

Qu'on ne s'attende donc à ne trouver principalement ici que les veritez dont il eft neceffaire d'être inftruit. Dans le premier Chant, je dépeins l'innocence de l'homme & fa chûte ; l'état déplorable où il fut reduit quand après avoir abandonné Dieu il fut abandonné à lui-même ; l'impuiffance de la raifon & de la Loi pour le guerir : enfin la venuë de Jefus-Chrift l'auteur & le difpenfateur de la Grace. Dans le fecond Chant, je tâche de prouver la force de la Grace, fa neceffité & l'accord de la liberté avec elle. J'apporte dans le troifiéme Chant la grande preuve de la puiffance de la Grace, c'eft-à-dire la converfion des pecheurs, & c'eft là qu'en paffant, je combats le fiftême de la Grace verfatile & de l'équilibre. Enfin le dernier Chant renferme le myftere de la Prédeftination qui nous montre fi clairement combien la Grace eft gratuite. Voilà fans doute de grands & de nobles fujets. Ils paroîtront peut-être peu fufceptibles des ornemens de la Poëfie. Cependant fi j'ennuie en les traitant, la faute n'en doit être imputée qu'à moi feul :

plus les objets font dignes de l'attention des hommes , plus la Poëfie eft digne de les décrire ; & puifqu'un de fes avantages eft de fçavoir peindre noblement les petites chofes , puifqu'elle peut nous attacher à des bagatelles , que doit-elle donc faire quand elle nous entretient des grandeurs de Dieu , & des veritez de la Religion ? Virgile nous apprend la peine qu'il trouvoit à relever, par des expreffions nobles, la foibleffe des fujets qu'il traitoit dans fes Georgiques ,

Lib. ————*Verbis ea vincere , magnum*
3. *Quàm fit , & anguftis hunc addere rebus honorem.*

Cependant puifqu'il y a fi bien reüffi , & que dans une matiere peu agreable par elle-même, il a trouvé le fecret de nous charmer toûjours , combien d'auditeurs feroient entraînez par un Poëte qui avec le genie de Virgile chanteroit des fujets beaucoup plus intereffans pour les hommes, que ne le font les preceptes du labourage, ceux de la culture des arbres, & du foin des animaux ?

POËME

SUR

LA GRACE.

CHANT I.

ENNEMI du menfonge, & de ces fictions
Qui nourriffent des cœurs les folles paffions,
Je veux prendre aujourd'huy la Verité pour
guide.

Par elle encouragé dans un âge timide,
5 De l'illuftre Profper j'ofe fuivre les pas;
Puiffai-je comme luy confondre les Ingrats!
O vous qui ne cherchez que ces rimes impures;
Des plaifirs feduifans dangereufes peintures;
Sur mes chaftes tableaux ne jettez pas les yeux,
10 Fuïez; mes vers pour vous font des vers ennuyeux;
Des fons de la vertu voftre oreille fe laffe,

REMARQUE.

Vers 6. Les *Ingrats.*) Le Poëme de faint Profper a pour titre *De ingratis.*

A

POEME

Prophanes loin d'icy , je vais chanter LA GRACE.

Ouï, Seigneur , j'entreprens de luy prester ma voix,

Tout fidelle est soldat pour défendre tes droits ,

15 Si par ta Grace icy je combats pour ta Grace,

Rien ne peut ébranler ma genereuse audace ,

Dussent les libertins déchirer mes écrits ,

Trop heureux si pour toy je souffre des mépris !

Que ta bonté, grand Dieu, veüille m'en rendre digne;

20 De tes riches faveurs , faveur la plus insigne !

Pour en estre honorez , tes Saints ont fait des vœux,

Et moy j'en fais pour vivre&pour mourir comme eux.

Daigne donc agréer & soûtenir mon zele ,

Tout foible que je suis , j'embrasse ta querelle.

25 La Grace que je chante, est l'ineffable prix

Du Sang que sur la terre a répandu ton Fils ,

Ce Fils , en qui tu mets toute ta complaisance ,

Ce Fils l'unique espoir de l'humaine impuissance ;

A défendre sa cause approuve mon ardeur ,

30 Mais animant ma langue, échauffe aussi mon cœur ,

Que je sente ce feu qui par toy seul s'allume ,

Et que j'éprouve en moy ce que décrit ma plume.

Non comme ces esprits tristement éclairez

REMARQUE.

Vers 14. Tout fidelle est soldat.] In est. Tertullien Apolog.
publicos hostes omnis homo miles

Qui connoiſſent la route, & marchent égarez

35 Tousjours vuides d'amour, & remplis de lumiere,

Ardens pour la diſpute & froids pour la priere.

A la voix du Seigneur l'Univers enfanté,

Etaloit en tous lieux ſa naiſſante beauté.

Le Soleil commençoit ſes routes ordonnées,

40 Les ondes dans leur lit eſtoient empriſonnées,

Desja le tendre oiſeau s'élevant dans les airs,

Beniſſoit ſon Auteur par ſes nouveaux concerts;

Mais il manquoit encore un maiſtre à tout l'ouvrage.

Faiſons l'homme, dit Dieu, *faiſons-le à noſtre image.*

45 Soudain pétri de bouë, & d'un ſouffle animé,

Ce chef-d'œuvre connut qu'un Dieu l'avoit formé.

La Nature attentive aux beſoins de ſon Maiſtre,

Luy preſenta les fruits que ſon ſein faiſoit naiſtre,

Et l'univers ſoumis à cette aimable loy,

50 Conſpira tout entier au bonheur de ſon Roy.

La fatigue, la faim, la ſoif, la maladie,

Ne pouvoient alterer le repos de ſa vie,

La mort meſme n'oſoit déranger les reſſorts

Que le ſouffle divin animoit dans ſon corps.

55 Il n'eut point à percer la nuit de l'ignorance,

REMARQUE.

Vers 44. *Faiſons l'homme.*) Fa-
ciamus hominem ad imaginem no-   ſtram. *Geneſe c. 1. v. 26.*

A ij

Ni d'une chair rebelle à dompter l'infolence.

L'ordre regnoit alors, tout eſtoit dans ſon lieu;

L'animal craignoit l'homme, & l'homme craignoit

Dieu,

Et dans l'homme le corps reſpectueux, docile,

60 A l'ame fourniſſoit un ſerviteur utile.

Charmé des ſaints attraits, de biens environné,

Adam à ſon conſeil vivoit abandonné.

Tout eſtoit juſte en lui, ſa force eſtoit entiere :

Il pouvoit ſans tomber pourſuivre ſa carriere,

65 Soûtenu cependant du celeſte ſecours,

Qui pour aller à Dieu le conduiſoit toûjours.

Non qu'en tous ſes deſirs par la Grace entraînée,

L'ame alors dût par elle eſtre determinée;

Ainſi ſans le Soleil l'œil qui ne peut rien voir,

70 A cet aſtre pourtant ne doit point ſon pouvoir;

Mais au ſecours divin quoiqu'il fut neceſſaire,

REMARQUES.

Vers 62. *Adam à ſon conſeil.*) Deus ab initio conſtituit hominem, & reliquit illum in manu conſilii ſui. *Ecclefiaft. c.* 15. *v.* 14.

Vers 65. *Soûtenu cependant.*) Sine gratia nec tunc ullum meritum eſſe potuiſſet ; quia etſi peccatum in ſolo libero arbitrio erat conſtitutum, non tamen juſtitiæ retinendæ ſufficiebat liberum arbitrium niſi participatione immutabilis boni, divinum adjutorium præberetur... ut ab eo teneretur via juſtitiæ parum erat velle, niſi qui cum fecerat adjuvaret. *S. Aug.* Enchir. c. 106. Sic factus eſt homo rectus ut & manere in ea re-

ctitudine poſſet non ſine adjutorio divino, & ſuo fieri perverſus arbitrio. *Ibid.* 107.

Vers 67. *Non qu'en tous ſes deſirs.*) Tale erat adjutorium, quod deſereret cum vellet, & in quo permaneret ſi vellet, non quo fieret, ut vellet. *S. Aug. de Corr. & Grat. c.* 12.

Vers 69. *Ainſi ſans le Soleil.*) Sicut oculus corporis etiam pleniſſime ſanus, niſi candore lucis non poteſt cernere, ſic & homo etiam perfectiſſime juſtificatus, niſi æterna luce juſtitiæ divinitus adjuvetur, recte non poteſt vivere. *S. Aug. de nat. & Grat. c.* 26.

Adam eſtoit tousjours maiſtre de ſe ſouſtraire;
Ainſi le Soleil brille, & par luy nous voyons,
Mais nous pouvons fermer nos yeux à ſes rayons.
75   Tel fut l'homme innocent, ſa race fortunée
Des meſmes droits que luy devoit ſe voir ornée,
Et conçu chaſtement, enfanté ſans douleurs,
L'enfant ne ſe fût point annoncé par ſes pleurs.
On n'eût point vu la mere attentive & tremblante,
80 Conduire de ſon fils la marche chancelante,
Réchauffer ſon corps froid dans la dure ſaiſon,
Ni par les châtimens appeller ſa raiſon.
Le Demon contre nous eût eu de foibles armes.
Helas! ce ſouvenir produit de vaines larmes,
85 Que ſert de regretter un état qui n'eſt plus,
Et de peindre un ſejour dont nous fûmes exclus?
Parlons de nos malheurs, & pleurons les miſeres
Qu'après elle attira la chûte de nos peres.
Deſtinez à la mort, condamnez aux travaux,
90 Les travaux & la mort furent nos moindres maux.
Au corps, tiran cruel, noſtre ame aſſujettie
Vers les terreſtes biens languit appeſantie.
De menſonge & d'erreur un voile tenebreux
Nous dérobe le jour qui doit nous rendre heureux.
95 La nature autrefois attentive à nous plaire,
Contre nous irritée, en tout nous eſt contraire.

La terre dans son sein resserre ses tresors,

Il faut les arracher; il faut par nos efforts

Luy ravir de ses biens la penible recolte.

100 Contre son souverain l'animal se revolte,

Le maistre de la terre apprehende les vers;

L'insecte se fait craindre au Roy de l'Univers.

L'homme à la femme uni met au jour des coupables,

Et de son sang impur forme des miserables.

105 Aux solides avis l'enfant tousjours retif,

Par la seule menace y devient attentif.

De l'âge & des leçons sa raison secondée,

A peine du vray Dieu luy retrace l'idée.

Helas! à ces malheurs, par sa femme seduit

110 Adam, le foible Adam, avec nous s'est reduit.

Son crime fut le nostre, & le pere infidelle

Rendit toute sa race à jamais criminelle,

Ainsi le tronc qui meurt voit mourir ses rameaux,

Et la source infectée infecte ses ruisseaux,

115 L'homme depuis ce jour n'apporte à sa naissance

Que la pente au peché, l'erreur, & l'ignorance.

Par l'amour des faux biens il remplit dans son cœur

REMARQUES.

Vers 104. *Et de son sang impur.*) Semine damnato genitis in corpore morbis. *S. Prosper. part. 2.*

Vers 111. *Son crime fut le nostre.*) Corruit, & cuncti simul in genitore cadente Corruimus, transcurrit enim viro-

sa per omnes Peccati ebrietas......
Hinc animi vigor obtusus, caligine tetra
Induitur, nec fert divinæ fulgura lucis
Lumen iners, &c.
S. Prosper part. 3.

Le vuide qu'y laiffa l'amour du Createur.

Dans fon funefte fort d'autant plus déplorable

120 Qu'il ignore le poids du fardeau qui l'accable,

Qu'il fe plaît dans fes maux, & fuit la guerifon ;

Qu'il aime fes liens, & cherit fa prifon.

Pourroit-on à le voir croire fon origine ?

Eft-ce là, direz-vous, cette image divine ?

125 Sans doute. Le portrait n'eft pas tout effacé,

Quelque coup du pinceau demeure encor tracé.

Malgré l'épaiffe nuit fur l'homme répanduë,

On découvre un rayon de fa Gloire perduë,

C'eft un Roy qui du Throfne en la foule jetté,

130 Conferve fur fon front un trait de majefté.

Une fecrete voix à toute heure luy crie,

Que la terre n'eft point fon heureufe patrie,

Qu'au Ciel il doit attendre un état plus parfait ;

Et luy-mefme icy-bas quand eft-il fatisfait ?

135 Digne de poffeder un bonheur plus folide,

Plein de biens & d'honneurs, il refte tousjours vuide,

Il forme encor des vœux dans le fein du plaifir,

Il n'eft jamais enfin qu'un éternel defir.

D'où luy vient tant de force avec tant de foibleffe ?

140 Pourquoy tant de grandeur jointe à tant de baffeffe ?

Reveillez-vous mortels dans la nuit abforbez,

Et connoiffez du moins d'où vous eftes tombez.

POEME

Non, je ne suis point fait pour posseder la terre.

Quand ne seray-je plus avec moy-mesme en guerre ?

145 Qui me délivrera de ce corps de peché ?

Qui brisera la chaisne où je suis attaché ?

Mon cœur tousjours rebelle, & contraire à luy-mesme,

Fait le mal qu'il deteste, & fuit le bien qu'il aime.

Je veux sortir du gouffre où je me vois jetté,

150 Je veux, mais que me sert ma foible volonté ?

Legere, irresoluë, incertaine, aveuglée,

Et malgré son neant d'un fol orgüeil enflée,

Voulant tout entreprendre, & n'executant rien,

Trop forte pour le mal, trop foible pour le bien,

155 Compagne qui m'entraisne au vice que j'abhorre,

Et guide qui ne sert qu'à m'égarer encore.

Mais par ce guide seul autrefois éclairez,

Les superbes mortels se croyoient assûrez.

Pour confondre à jamais cette altiere sagesse,

160 Le Ciel leur fit long-tems éprouver leur foiblesse,

A leurs sens il livra Rois & peuples entiers,

Et les laissa marcher dans leurs propres sentiers.

REMARQUES.

Vers 148. *Fait le mal qu'il deteste.*) Non enim quod volo bonum, hoc facio, sed quod nolo malum, hoc ago... infelix ego homo quis me liberabit de corpore mortis hujus ? *S. Paul Rom.* 7. *v.* 19. *& 24.*

Vers 154. *Trop forte pour le mal.*) Liberum arbitrium ad malum ufficit, ad bonum autem parum est, nisi adjuvetur ab omnipotenti bono. *S. Aug. de Corrept. & Grat. c.* 11.

Vers 162. *Et les laissa marcher.*)

La

La digue fut foudain rompuë à tous les vices,

On ne vit plus par-tout, que meurtres, injuftices,

165 Débordemens impurs, brigandages affreux,

Et du crime honoré le regne tenebreux.

A de frivoles biens créez pour fon ufage,

L'homme ofa follement prefenter fon hommage.

La befte eut des autels, le bois fut adoré;

170 Et tout fut, hors Dieu feul, comme Dieu reveré,

En foy-mefme traitant ce culte de chimere,

Le foible Philofophe imita le vulgaire.

Cependant, direz-vous, la Grece eut des Platons,

L'Afie eut des Thalés, & Rome eut des Catons.

175 Lucrece eftime plus fon honneur que fa vie,

Decius fe devouë au bien de fa patrie.

Victime du ferment aux ennemis juré,

Regulus va chercher un fupplice affûré.

Rougis lafche Chreftien, dans un fiecle prophane

180 Plus vertueux que toy le Payen te condamne.

Ah, du nom de *Vertu*, gardons-nous d'honorer

Des actions que Dieu dédaigna d'épurer.

Rome n'eut des vertus que la fauffe apparence,

REMARQUES.

Dimifit omnes gentes ingredi vias fuas. *Act. 14. v. 15.*
Vers 181. ~ *b*, *du nom de* Vertu.)
Licet à quib cain verae honeftae putentur eſſe virtutes, cum ad feip-

fas referuntur, nec propter aliud expetuntur, etiam tunc inflatae ac fuperbae funt, & ideo non virtutes, fed vitia judicanda funt. *S. Aug. Civit. lib. 19. c. 26.*

B

Et vaine elle reçut fa vaine recompenfe.

185   L'éclat de fes Heros nous charme & nous féduit,
Mais d'un aride champ quel peut eftre le fruit ?

Rien ne peut profperer fur des terres ingrates.

Le defir de la gloire enfante les Socrates.

Du moindre des Romains l'eftime & les regards

190 Souftiennent les Catons ainfi que les Cefars.

Plaignons pluftoft, plaignons ces peuples miferables,

Dont les *Juftes* n'eftoient que de moindres coupables.

Socrate, du vray Dieu s'approchant de plus près,

Sembla de fa grandeur découvrir quelques traits :

195   Faut-il donc pour le voir percer tant de nuages ?

Eh ! qui de la Nature admirant les ouvrages,

Frappé d'étonnement à ce premier regard,

Ira pour l'ouvrier foupçonner le hazard ?

De ce vil vermiffeau j'entends la voix qui crie,

REMARQUES.

Vers 184. *Et vaine elle reçut.*) Receperunt mercedem, veni, vanam, S. Aug. Civit. Lib. 19. c. 16
Vers 186. *Mais d'un aride champ.* Non poteft arbor mala bonos fructus facere. S. Matth. 7 v. 18.
Vers 187. *Rien ne peut profperer.*) L'action d'un Payen, quoyque bonne en foy, ne pouvoit profperer, puifque n'ayant pas Dieu pour fin, elle ne fervoit point au falut.
Nec vitæ æternæ veros acquirere fructus
De falfa virtute poteft, vanamque decoris
Occidui fpeciem mortali perdit in ævo.
Omne etenim probitatis opus, nifi femine veræ

Exoritur fidei, peccatum eft, iniquæ reatum
Vertitur, & fterilis cumulat fibi gloria, pœnam.
S. Profper. p. 2.
Ver 188. *Le defir de la gloire.*) Hæc funt duo illa, libertas & cupiditas laudis humanæ, quæ ad facta compulere miranda Romanos. S. Aug. Cité de Dieu, Liv. 5. c. 18. Ce font les deux motifs que Virgile luy-mefme donne à Brutus quand il facrifie fes enfans.
Vincet amor Patriæ, laudumque immenfa cupido.
Vers 192 *Dont les* Juftes.) Le furnom de *Jufte* fut donné à Ariftide.

200 *Dieu m'a fait, Dieu m'a fait, Dieu m'a donné la vie.*

Tout parle à la raison, mais rien ne parle au cœur :

Le jour au jour suivant annonce son auteur.

Mais ce n'est qu'en l'aimant que Dieu veut qu'on

l'adore,

Et l'hommage du cœur est le seul qui l'honore.

205 En vain le Philosophe entrevoit la clarté,

Du chemin de la vie est-il moins écarté ?

Plus criminel encor que l'aveugle vulgaire,

Loin de rendre au Seigneur le culte necessaire,

Il perd, vuide d'amour, tout le fruit de ses mœurs ;

210 Son esprit s'évapore en de folles lueurs.

En differens sentiers les plus sages s'égarent,

Par des Sectes sans nombre entr'eux ils se separent.

La raison s'obscurcit : la simple verité

Se perd dans les détours de la subtilité.

215 Ouy, grand Dieu, c'est en vain que l'humaine foiblesse

Sans toy veut se parer du nom de la sagesse,

Celuy qui s'honora de ce titre orgueilleux,

Fut de tant d'insensez le moins sage à tes yeux.

REMARQUES.

Vers 203. *Mais ce n'est qu'en l'ai-mant.*) Quis veraciter laudat, nisi qui sinceriter amat ? Pietas cultus Dei est, nec colitur ille nisi amando. S. *Aug. ep.* 140.

Vers 207. *Plus criminel encor.*) Tout ce que je dis icy des Philoso-phes Payens est pris du premier chapitre de l'Epistre de saint Paul aux Romains. Cum cognovissent Deum, non sicut Deum glorificave-runt, aut gratias egerunt, sed eva-nuerunt in cogitationibus suis, ... di-centes enim se esse sapientes stulti facti sunt, &c.

B ij

Pour guerir la nature infirme & languiſſante,

220 Ainſi que la Raiſon la Loy fut impuiſſante.

La Loy qui ne devant jamais briſer les cœurs,

Sans la Grace formoit des prévaricateurs.

La Loy qui du peché reſſerrant les entraves,

Au lieu de vrais enfans fit de laſches eſclaves.

225 La Loy, joug importun, de la crainte inſtrument,

Miniſtere de mort, vain & foible éle ment.

Ainſi ne put jadis le bâton d'Elizée

Reſſuſciter l'enfant de la mere affligée,

Le Prophete luy ſeul touché de ſon malheur,

230 Pouvoit dans ce corps froid rappeller la chaleur,

Le Juif portant toûjours l'eſprit de ſervitude,

A ſes égaremens joignit l'ingratitude.

La race de Jacob, le Peuple ſi cheri,

REMARQUES.

Vers 220. *La Loy fut impuiſſante.*) Nam quod impoſſibile erat legi. aux *Rom. c. 3. v. 9.*

Vers 221. *La Loy qui ne devant.*) Nihil enim perfectum adduxit lex. *Hebr. 7. 19.*

Vers 222. *Sans la Grace formoit.*) Lex ſubintravit ut abundaret oli-ctum. *Rom. c. 5. 20.* Cum veniſſet mandatum, peccatum revixit. *c. 7. v. 9.* Lex propter tranſgreſſiones poſita eſt. *Galat. 3. 19.* Lex peccatores convincebat, non ſolvebat. Ideo littera ſine gratia reos faciebat. *S. Aug. Tract. 17. in c 5. Joan.*

Jugum legis ſervari non poterat ſine gratia adjuvante quam lex non dabat. *S. Thomas. 1. 2. q. 98.* Hos pannos infantiæ quos incnoantibus dedit, ipſe per prophetam Dominus reprehendit dicens : Ego dedi eis

præcepta. non bona. *S. Greg. le Grand.* Oportebat ut a iditio mandato cujus vox eſt *non concupiſces*, ſuperbo peccatori etiam prævaricationis crimen accederet, atque ita Gratiæ medicinam non ſanata per legem, ſed convicta infirmitas quæreret. *S. Aug. ep. 157.*

Vers 226. *Miniſtere de mort, vain & foible élement.* Miniſtratio mortis. 2. *Corinth. 3 v 4.* et na & infirma element. *Galat. 4 v. 9.*

Vers. 227. *Ainſi ne put jadis.*) Venit ipſe Elizeus jam ngura portans Domini, qui ſervum ſuum cum baculo, tanquam cum lege præmiſerat .... fecit Dominus quod non fecit baculus, fecit Gratia quod non fecit littera. *S. Aug. in Pſalm. 70. Serm. 1.*

Engraiſſé de bienfaits n'en fut point attendri.

235 Cependant Dieu voulut dans ces tems déplorables
Se former quelquefois des enfans veritables.
On vit avant Moyſe ainſi que ſous la Loy,
Des Juſtes pleins d'amour & vivants de la Foy.
La Grace, dont le jour ne brilloit pas encore,

240 Sur leur teſte déja répandoit ſon aurore.
L'arreſt de leur trépas fut deſlors effacé
Dans le ſang qui pour eux devoit eſtre verſé.
Et des fruits de ce ſang ils furent les prémices.
Mais lorſque le Seigneur avec des yeux propices

245 Regardoit quelques-uns des neveux d'Iſraël,
Le reſte s'endurcit, & reſta criminel.
Les Prophetes en vain annonçoient leurs oracles,
Supplioient, menaçoient, prodiguoient les miracles.
Ce peuple dont un voile obſcurciſſoit les yeux,

250 Murmurateur, volage, amateur des faux dieux,
A ſes Prophetes ſourd, à ſes Rois infidelle,
Porta toûjours un cœur incirconcis, rebelle.
Dans ſon Temple, il eſt vray, l'encens ſe conſumoit,
Le ſang des animaux à toute heure fumoit.

REMARQUE.

Vers 239. La Grace, dont le jour.) Eadem namque ... & noſtra & illorum, quoniam hoc illi credidrunt futurum, quod & nos credimus factum, unde dicit Apoſtolus : Habentes eumdem ſpiritum fidei. S. Aug. ep. 157. Non ...um nomine, ſed rei ſa fuerunt Chriſtiani. Lib. 3. ad Boniſ.

255 Vain encens, vœux perdus; les taureaux, les genisses

Etoient pour les pechez d'impuissans sacrifices.

Dieu rejettant l'autel & le Prestre odieux,

Attendoit une hostie agreable à ses yeux;

Il falloit que la Loy sur la pierre tracée

260 Fût par une autre Loy dans les cœurs remplacée;

Il falloit que sur luy détournant tous les coups,

Le Fils vînt se jetter entre son Pere & nous.

Sans luy nous perissions. Qu'une telle victime

Oblige le coupable à juger de son crime.

265 Quel énorme forfait, qui pour estre expié,

Demandoit tout le sang d'un Dieu sacrifié!

Ouï, l'homme après sa chûte, au voyageur semblable

Qu'attaqua des voleurs la rage impitoyable,

Sans force, sans secours, couché sur le chemin,

270 Et baigné dans son sang, n'attendoit que sa fin:

Les Prestres de la Loy, témoins de sa misere,

Ne luy pouvoient offrir une main salutaire.

Enfin dans nos malheurs un Dieu nous secourut,

Le Ciel fondit en pluye, & le Juste parut.

REMARQUES.

Vers 256. *Etoient pour les pechez.*) Impossibile enim est, sanguine taurorum & hircorum auferri peccata. S. *Paul. Hebr. c.* 10. *v.* 4.

Vers 259. *Il falloit que la Loy*) Dabo leges meas in mentem eorum,

& in corde eorum superscribam eas Hebr. c. 8. v. 10.

Vers 279. *Le Ciel fondit.*) Rorate cœli desuper, & nubes pluant Justum. *Isaïa.*

275 O filles de Sion treffaillez d'allegreffe,

Du Roy qui vient à vous celebrez la tendreffe,

Il vient pour appaifer vos pleurs & vos foûpirs.

Les Juftes de la Loy, ces hommes de defirs,

De leur foy tousjours vive auront la recompenfe.

280 Il vient, tout l'Univers fe leve à fa prefence:

L'Agneau faint de fon fang va fceller le traité

Qui nous reconcilie à fon Pere irrité.

Chargé de nos forfaits fur la croix il expire,

Et du Temple auffi-toft le voile fe déchire,

285 Aux prophanes regards le lieu faint fut livré,

Mais Dieu qui l'habitoit s'en eftoit retiré.

De ce Temple fameux la gloire eftoit paffée,

La vile Sinagogue alloit eftre chaffée:

Les tems eftoient venus, où regnant dans les cœurs,

290 Dieu vouloit fe former de vrais adorateurs,

Et donnant à fon Fils une Epoufe plus fainte,

Devoit repudier l'efclave de la crainte.

Mortels qui jufqu'icy répandiez tant de pleurs,

Triftes enfans d'Adam banniffez vos douleurs.

295 Du fang de Jefus-Chrift l'Eglife vient de naiftre,

La nuit eft diffipée, & le jour va paroiftre.

Il arrive ce jour fi long-tems attendu,

REMARQUE.

Vers 278. *Ces hommes de defirs.*) Vir defideriorum es. Daniel. 9.

Ce jour que de si loin Abraham avoit vû?

Le Saint tant desiré, tant prédit par vos Peres,

300 Vous annonce aujourd'huy la fin de vos miseres.

Sortez humains, sortez de la captivité,

Courez à vostre Dieu qui n'est plus irrité;

Ce Dieu si menaçant ne veut plus qu'on le craigne,

Sa Grace & son amour vont commencer leur regne.

REMARQUE.

Vers 303. *Ne veut plus qu'on le craigne.*] De cette crainte servile qui estoit le partage de la Loy, ce qui a fait dire à saint Augustin, de moribus Eccl. Cathol. Prævalet in veteri testamento timor, amor in novo.

CHANT

CHANT II.

VOUS que la Verité remplit d'un chaste amour,
N'esperez point encor dans ce triste sejour,
Paisibles possesseurs, la goûter sans allarmes;
Chrestiens souffrez pour elle, & prestez-luy vos armes.
5 L'Eglise à la douleur destinée ici-bas,
Prit naissance à la Croix, & vit dans les combats.
Il faut que tout entier sur elle s'accomplisse
De son époux mourant le sanglant sacrifice.
Contre elle le démon arma les Empereurs,
10 Le fer brilla d'abord; inutiles fureurs;
En vain on la déchire, en vain le sang l'inonde,
De ce sang humectée elle en devient feconde.
L'Empereur à la Croix soûmit son front Payen,
Montra qu'on pouvoit estre & Cesar & Chrestien,
15 Le Prestre d'Apollon renversa son Idole,
Et Jupiter vaincu tomba du Capitole.
L'Eglise dans son sein voyoit naistre la paix
Quand la fiere Heresie envenimant ses traits,

REMARQUES.

Vers 7. *Il faut que tout entier.*) Adimpleo ea quæ desunt passionum Christi in carne mea, pro corpore ejus quod est Ecclesia, *aux*

Colossiens I. 24.
Vers 12. *De ce sang humectée, &c.* Semen est sanguis Christianorum. *Tertul. Apologet.* c. 47.

C

Aux enfans de la Foy vint declarer la guerre.

20 Plus d'une fois vaincuë, enfin dans l'Angleterre
Elle appelle un vengeur; & fidelle à fa voix
Pelage de la Grace ofe attaquer les loix.
Jerofme contre luy ranima fon courage.
Mais le feul Auguftin devoit vaincre Pelage;

25 De ce grand défenfeur le Ciel ayant fait choix,
Luy mit la plume en main, le chargea de fes droits.
Auguftin tonne, frappe, & confond les rebelles.
Sa doctrine aujourd'huy guide encor les fidelles,
Rome, tout l'Univers admire fes écrits,

30 Et le feul M..... en ignore le prix.
Difciple d'Auguftin & marchant fur fa trace
Profper s'unit à luy pour défendre la Grace.
Il pourfuivit l'Erreur dans fes derniers détours,
Et contre elle des vers emprunta le fecours.

35 Les Vers fervent aux Saints, la vive Poëfie
Fait triompher la Foy, fait trembler l'Herefie.
Penetré de refpect pour ces maiftres fameux,
Je ne veux aujourd'huy que marcher aprés eux.
De leurs livres divins admirant les maximes

40 Je les vais annoncer n'y prêtant que mes rimes;

REMARQUE.

Vers 23. Saint Jerofme fur la fin de ſa vie écrivit contre Pelage, & mou- rut peu de temps après

Auguſtin dans mes Vers donne encor ſes leçons ;
Seigneur c'eſt à tes Saints de parler de tés dons !

Aux forces que la Grace inſpire à la nature
Des foibleſſes de l'homme oppoſons la peinture.

45 Connoiſſons par nos maux la main qui nous guerit.

L'erreur & le menſonge aſſiegent nôtre eſprit,

Et la nuit du peché nous couvrant de ſes ombres,

Entre nous & le jour jette ſes voiles ſombres.

Noſtre cœur corrompu, plein de honteux deſirs,

50 Ne reconnoît de loix que celles des plaiſirs.

Le Plaiſir, il eſt vray, juſte dans ſa naiſſance
Par de ſages tranſports ſervoit à l'innocence ;

Nos corps par cet attrait devoient ſe conſerver,

Et nos ames vers Dieu ſe devoient élever.

55 Mais notre ame aujourd'huy n'étant plus ſouveraine,

Aux ſeuls plaiſirs des ſens notre corps nous entraîne,

Des ſaintes voluptez le chaſte ſentiment
Se reveille avec peine & s'éteint aiſément.

A croiſtre nos malheurs le demon met ſa joye,

REMARQUE.

Vers 46. *L'erreur & le menſonge, &c.*) Nemo habet de ſuo niſi peccatum & mendacium. 2. *Conc. d'Orange.* Subintravit ignorancia rerum agendarum, & concupiſcentia noxiarum, quibus comites ſubinferuntur, eror, & dolor. *S. Aug. Enchirid.* c. 23.

Omne malum hominis error, & infirmitas, aut neſcis quid agas, & errando laberis, aut ſcis quid agi debeat, & infirmitate ſuperaris. *Id. ſerm.* 173. *in ep* 1. *Joan.*

Humana natura in primi hominis prævaricatione vitiata etiam inter beneficia & auxilia Dei ſemper in deteriorem eſt proclivior voluntatem, cui committi non eſt aliud quàm dimitti. *Traité de la vocat. des Gentils.*

60 Lion terrible il cherche à devorer sa proye.

Et transformant sa rage en funestes douceurs,

Souvent serpent subtil il coule sous les fleurs.

Ce tyran tenebreux de l'infernal abîme

Joüissoit autrefois de la clarté sublime.

65 L'orgüeil le fit tomber dans l'éternelle nuit,

Et par ce mesme orgüeil l'homme encor fut seduit

Quand nos Peres, à Dieu voulant estre semblables,

Oserent sur un fruit porter leurs mains coupables.

   L'Orgüeil depuis ce jour entra dans tous les cœurs,

70 Là de nos passions il nourrit les fureurs,

Souvent il les étouffe, & pour mieux nous surprendre,

Il se détruit luy-mesme, & renaist de sa cendre.

Toûjours contre la Grace il veut nous revolter

Pour mieux regner sur nous, cherchant à nous flater,

75 Il releve nos droits, & notre indépendance ;

Et de nos interests embrassant la défense,

Nous répond follement que notre volonté.

Peut rendre tout facile à notre liberté.

Mais comment exprimer avec quelles adresses

80 Ce Monstre sçait de l'homme épier les foiblesses ?

R E M A R Q U E.

Vers 60. *Lion terrible, il cherche,* &c. Diabolus tanquam leo rugiens circuit, quærens quem devoret, &c. S. Pierre.)· v. 8.

Sans cesse parcourant toute condition

Il répand en secret sa douce illusion.

Il console le Roy que le throsne emprisonne,

Et luy rend plus leger le poids de la Couronne.

85 Aux yeux des conquerans de la Gloire enyvrez

Il cache les perils dont ils sont entourez.

Par luy le courtisan du maistre qu'il ennuie

Soûtient, lasche flateur, les dédains qu'il essuie.

C'est luy qui d'un Prelat épris de la grandeur

90 Ecarte les remords voltigeans sur son cœur.

C'est luy qui fait pâlir un sçavant sur un Livre,

L'arrache aux voluptez où le monde se livre,

D'un esprit libertin luy souffle le poison

Et plus haut que la Foy fait parler la Raison.

95 C'est luy qui des Palais descend dans les chaumieres,

Donne à la pauvreté des démarches altieres.

Luy seul nourrit un corps par le jeûne abattu,

Il enfante le crime & corrompt la Vertu.

Contre tant d'ennemis qui causent nos allarmes.

REMARQUES.

Vers 98. Il enfante la crime.) Vitiorum omnium humanorum causa, superbia est. S. Aug. de peccat. meritis & rem. c. 17.

Et corrompt la vertu. Je suis bien éloigné de croire que l'orgueil corrompe toûjours la Vertu, & qu'il produise toûjours tous les effets que je luy attribue icy, mais il est certain qu'il les produit tres-souvent, & qu'il a presque toûjours quelque part à nos meilleures actions, ce qui fait dire à saint Augustin. Superbia & in recte factis animo insidiatur humano; ubi enim lætatus homo fuerit, in aliquo bono opere se etiam superasse superbiam, ex ipsa lætitia capit erigit, & dicit, ecce ego vivo, quid triumphas? & ideo vivo quia triumphas. de natura & Grat. cap. 31.

100 La Grace seule a droit de nous donner des armes,

Du Demon rugissant elle écarte les coups,

Contre nos passions elle combat pour nous,

Grace victorieuse, efficace, operante,

Grace qui vient du Ciel, gratuite, attirante,

105 Grace qui pour charmer a de si doux attraits,

Que notre liberté n'y resiste jamais

Souffle du saint amour, par qui l'ame embrasée

Suit & cherit la loy qui luy devient aisée.

Si cette voix n'appelle, en vain l'on veut marcher,

110 On s'éloigne du but dont on croit s'approcher,

Sans elle tout effort est un effort sterile,

Tout travail est oisif, toute course inutile.

Sans elle l'homme est mort, mais dès qu'elle a parlé,

Dans la nuit du tombeau le mort est reveillé,

R E M A R Q U E S.

Vers 104. *Gratuite.* Si gratis non datur, quare Gratia nominatur ? S. *Aug. serm.* 26.

Vers 106. *Que nostre liberté n'y resiste jamais.*) Gratia quæ occulte mumanis cordibus divina largitate tribuitur, à nullo duro corde respuitur, ideo quippe tribuitur, ut cordis duritia primitus auferatur. S. *Aug. de Prædest. sanct. c.* 8.

Vers 107. *Souffle du saint amour.*) Inspiratio dilectionis, ut cognita sancto amore faciamus. S. *Aug. contra epist. Pelag. l.* 4. *c.* 5.

Vers 109. *Si cette voix n'appelle.*) ———— & nisi donet Quæ bona sunt, nihil efficiet bene, cæca voluntas. Hæc ut cujusquam studio, affectuque petatur

Ipsa agit, & cunctis dux est venientibus ad se Perque ipsam nisi curratur, non itur ad ipsam. Ergo ad iter per iter ferimur : sine lumine lumen Nemo videt : vitam sine vita inquirere mors est. S. *Prosper à la fin de la 2. partie.*

Vers 110. *On s'éloigne du but, &c.* ———— quem non recto via limite ducit, Quanto plus graditur, tanto longinquius erat. S. *Prosper 2. part.*

Vers 113. *Sans elle l'homme est mort.*) ———— Deus ergo sepultos Suscitat, & solvit *peccati* compede vinctos. S. *Prosper. Ibid.*

115 Et ſes liens rompus ne forment plus d'obſtacle.

Par quel charme ſupreſme arrive ce miracle?

Dans le meſme moment, ô moment précieux!

La Grace ouvre le cœur, & deſſille les yeux.

L'homme apperçoit ſon bien, & ſent qu'il eſt aimable,

120 Dieu ſe montre, le reſte eſt pour luy mépriſable.

Plaiſir, bien, dignité, grandeur, tout luy déplaiſt;

Il voit à découvert le monde tel qu'il eſt,

Plein de peines, d'ennuis, de miſeres, de craintes,

Theatre de douleurs, de remords, & de plaintes;

125 Plus de repos pour luy dans cet horrible lieu,

Il le fuit, il l'abhorre, il vole vers ſon Dieu;

Pour ébranler ſa Foy le demon n'a plus d'armes,

La gloire eſt ſans attraits, la volupté ſans charmes.

Mais de tant d'ennemis quoiqu'il ſoit le vainqueur,

130 Si la Grace un moment abandonne ſon cœur,

Le triomphe ſera d'une courte durée.

Des dons qu'on a reçus la perte eſt aſſurée

Si la Grace à toute heure accordant ſon ſecours,

REMASQUES.

Vers 117. *Dans le meſme moment*)
At vero omnipotens hominem cum
Gratia ſalvat.
Ipſa ſuum conſummat opus; cui tem-
pus agendi
Semper adeſt quæ geſta velit: non
moribus, illi
Fit mora, non cauſis anceps ſuſpen-
ditur ullis.
S. Proſper. ibid.

Vers 131. *Le triomphe ? ſera d'une
courte durée.*) Neceſſe eſt, ut quo
auxiliante vincimus, eo iterum non
adjuvante vincamur. *Le Pape Innocent. I.*
Homo etiam perfectiſſime juſtificatus, niſi æterna luce juſtitiæ divinitus adjutus, recte non poteſt vivere. *S. Aug. de nat. & Grat. c. 26.*

De ſes premiers bienfaits ne prolonge le cours.

135 Sans ceſſe vit en nous l'ennemi domeſtique

　　　Ou captif indocile, ou vainqueur tyrannique;

　　　Guerre continuelle; un vice terraſſé

　　　Par un vice plus fort eſt bientoſt remplacé.

　　　Au dehors tout irrite, & tout allume encore

140 Ce feu, qui ſans s'éteindre au dedans nous devore.

　　　Le monde, qui l'attiſe en tous lieux nous pourſuit,

　　　Son commerce corrompt, ſa morale ſeduit;

　　　Il applaudit, il loüe, & ſa loüange charme,

　　　Il reprend, il condamne, & ſa cenſure allarme.

145　　Contre tant de perils la Grace eſt mon recours,

　　　Amoureux de ſes biens, je les cherche, j'y cours.

　　　Par des vœux enflammez mon ame les implore,

　　　Et quand je les reçois, je les demande encore.

　　　Dieu, riche dans ſes dons, peut toûjours accorder;

150 L'homme, plein de beſoins, doit toûjours demander,

　　　J'avance en ſeureté quand Dieu me veut conduire

　　　Et je tombe auſſi-toſt que ſa main ſe retire.

　　　Comme le foible enfant qui ne ſe ſoûtient pas

Si fa mere avec foin n'accompagne fes pas.

155 Par ce trifte abandon la fuprefme fageffe

Fait aux Saints quelquefois éprouver leur foibleffe.

David, l'heureux David fi cheri du Seigneur,

Ce Prophete éclairé, ce Roy felon fon cœur,

Vaincu par une femme eft en paix dans le crime,

160 Et ne feroit jamais forti de cet abîme,

Si le Ciel n'eût pour luy rappellé fa bonté.

Au tranquille Pecheur Nathan eft deputé.

Si-toft que cette voix a frappé fon oreille,

David fe reconnoift, fon œil s'ouvre, il s'éveille,

165 De fon Trône à l'inftant d'un faint regret touché

Il fe leve, & s'écrie: *Il eft vray, j'ay peché.*

Ainfi tombe, malgré fes fermens temeraires,

L'Apoftre qui fe croit plus ferme que fes freres,

Preft à fuivre fon maiftre en prifon, à la mort,

170 Nul obftacle à fes yeux ne paroift affez fort.

Il le croit, il le jure, & l'ardeur qui l'enflamme

Tout à coup va s'éteindre à la voix d'une femme,

REMARQUE.

Vers 157. *David, l'heureux David, &c.*) Per medicinalem providentiam, David paululùm defertus eft à rectore, ne per exitialem fuperbiam defereret ipfe rectorem. *Saint Aug. de continent. c. 14.*

Vers 171. *Il le croit, il le jure.*) Quid in animo ejus effet cupiditatis, videbat, quid virium non videbat. *S. Aug. in Joan. tract. 66.*

D

Et mesme s'il gemit du plus grand dés malheurs,

C'est au regard divin qu'il doit ses justes pleurs.

175 Mais Pierre abandonné qui renonce son maistre

Et devient à la fois ingrat, parjure, traistre,

Ranimé de la Grace ira devant les Rois

Braver les chevalets, les flammes & les croix.

Que le Juste à toute heure apprehende la chute,

810 S'il tombe cependant, qu'à luy seul il l'impute.

Oüi, l'homme qu'une fois la Grace a prévenu,

S'il n'est par elle encor conduit & soûtenu,

Ne peut à quelque bien que son ame s'applique....

Mais à ce mot j'entends crier à l'heretique :

185 *Ne peut*; c'est là, dit-on, le Jansenisme pur.

Dans ses expressions Luther est-il plus dur ?

R E M A R Q U E S.

Vers 174. *C'est au regard divin, &c.*) Nisi desertus, non negaret ; nisi respectus, non fleret. Odit Deus præsumtores de viribus suis, & tumorem istum in eis quos diligit tanquam medicus secat. *Saint August. serm.* 285.

Vers 175. *Mais Pierre abandonné, &c.*) Mortuus est negando, & revixit plorando ; sed mortuus est, quia superbe ipse præsumsit ; revivixit autem, quia benigne ille respexit. S. *Aug. in Joan. tract. 66.*

Vers 179. *Que le Juste à toute heure, &c.*) Qui se existimat stare, videat ne cadat. I. *Corinth. 10. v. 12*

Vers 180. *S'il tombe cependant, &c.*)

Natura in malum quod fecit, nulla necessitate compulsa, sed sua voluntate collapsa est. S. *Aug. cont. Julian. lib. imp. lib. 6.*

Vers 181. *Oui, l'homme, &c.*) Prævenit ut sanemur, quia & subsequetur ut etiam sanati vegetemur ; prævenit ut vocemur, subsequetur ut glorificemur ; prævenit ut pie vivamus, subsequetur ut cum illo semper vivamus, quia sine illo nihil possumus facere. *Saint August. de Nat. & Grat.*

Gratia Dei nolentem prævenit, ut velit, volentem subsequitur ne frustra velit. S. *Aug. ep. 382.*

Ainſi la Loy divine à l'homme impratiquable

Impoſe ſans la Grace un joug inſurmontable.

Ah ! c'eſt-là le premier des dogmes monſtrueux,

190 Juſte objet de l'horreur d'un Chrétien vertueux.

Mais vous qui tranſporté d'un zele charitable

Voulez me mettre au rang des noirs enfans du Diable,

Signalez par vos cris votre ſainte douleur,

(Telle eſt de vos pareils la Chrétienne chaleur,

195 Tout ce qui leur déplaît leur devient hereſie.)

Répondez-moy pourtant ; le Sauveur qui nous crie:

O vous qui gemiſſez ſous le faix des travaux ,

Accourez tous à moy , je finiray vos maux.

Ne dit-il pas ? *Sans moy vous ne pouvez rien faire ,*

200 *Vous ne pouvez venir qu'attirez par mon Pere.*

Vous allez, je le vois, avec ſubtilité

Eluder de ces mots la ſainte authorité.

Toutefois épargnez votre ſoin temeraire,

Je conviens avec vous que l'homme peut tout faire ;

REMARQUES.

Vers 197. *O vous qui gemiſſez, &c*) Venite ad me omnes qui laboratis & onerati eſtis , & ego reficiam vos. *S. Math.* 11. 28.

Vers 199. *Sans moy vous ne, &c*) Sine me nihil poteſtis facere. *S. Joan.* 18. 5.

Vers 200. *Vous ne pouvez, &c.*) Nemo poteſt venire ad me , niſi Pater qui miſit me , traxerit eum. *S. Joan.* 6. 44.

Vers 204. *Que l'homme peut tout faire.*) Deus impoſſibilia non jubet , ſed jubendo monet & facere quod poſſis , & petere quod non poſſis , & adjuvat ut poſſis. *Conc. de Trente ſeſſ.* 6. c. 11.

Certum eſt nos mandata ſervare ſi volumus , ſed quia præparatur voluntas à Domino , ab illo petendum eſt , ut tantum velimus quantum ſufficit , ut volendo faciamus. *S. Aug. de Grat. & lib. arbitrio c.* 16.

Da nobis & poſſe & velle quæ præcipis. *Oraiſon du Samedy ſaint.*

D ij

205 Oüi, qu'il peut à toute heure obéïr à la Loy :

Mais vous devez auſſi convenir avec moy,

Que nous ne mettrons point ce pouvoir en uſage.

Si notre volonté n'y joint pas ſon ſuffrage,

Elle qui pour le bien le refuſe toûjours

210 Si Dieu pour la fléchir n'accorde ſon ſecours.

Qu'avec crainte & frayeur notre ſalut s'opere,

C'eſt Dieu qui forme en nous le vouloir & le faire ;

Ce qu'il ordonne arrive au moment qui luy plaiſt ;

Pour penſer, pour agir, l'homme attend ſon arreſt.

215 Dieu commande, & dans l'homme il fait ce qu'il

commande ;

Il donne le premier ce qu'il veut qu'on luy rende ;

D'où vient donc cet orgüeil ſi follement conçu ?

Quel bien poſſedons-nous que nous n'ayons reçu ?

R E M A R Q U E S.

Vers 211. *Qu'avec crainte & frayeur,*
&c) Cum metu & tremore ſalutem
veſtram operamini, Deus eſt enim qui
operatur in vobis & velle & perficere.
Philipp. 2. *v.* 12.
Ipſe in vobis faciet quod vultis,
ipſo adjuvante voluntatem veſtram
implebitis ; ſed dum non poteſtis,
confitemini ; cum poteſtis, gratias
agite ; jacentes clamate, erecti ſuper-
bire nolite. *S. Aug. enar. in Pſalm.*
134.
Vers 214. *Pour penſer, pour agir.*)
Divini muneris eſt cum recte cogita-
mus. *Conc. d'Orange Canon 9.*
Non quod ſufficientes ſimus cogi-
tare aliquid à nobis, quaſi ex nobis,
ſed ſufficientia noſtra ex Deo eſt. 2.
Corint. 3. 5.
Vers 215. *Dieu commande, &c.*)
Da quod jubes, & jube quod vis. *S.*

Auguſtin Confeſſ.
Certum eſt, nos facere, cum faci-
mus ; ſed ille facit ut faciamus, præ-
bendo vires efficaciſſimas, voluntati.
de Gratia & lib arbitr. c. 16.
Sine Gratia nullum prorſus, ſive
cogitando, ſive volendo & amando,
ſive agendo homines faciunt bonum ;
non ſolum ut monſtrante ipſa quid
faciendum ſit, ſciant, verum etiam
ut præſtante ipſa faciant cum dilec-
tione quod ſciunt. *de corrept. & Grat.*
c. 2.
Vers 217. *D'où vient donc cet or-*
güeil, &c.) Quid habes quod non accepiſti ? Si autem accepiſti, quid glo-
riaris quaſi non acceperis ? 1. *Corinth.*
4. 7.
In nullo gloriandum, quando noſtrum nihil eſt. *S. Cyprian.*

Mere des bons deſſeins, principe de lumiere,

420 La Grace produit tout, & meſme la Priere ;

Quand nous courons vers elle, elle nous fait courir,

Quand pour elle un cœur s'ouvre, elle le vient ouvrir ;

Elle forme nos vœux, & dans l'homme qui prie,

Par d'ineffables ſons c'eſt l'eſprit ſaint qui crie.

425 L'homme quand ſur luy ſeul il oſe s'appuyer,

Eſt ſemblable au roſeau qu'un ſouffle fait plier.

Tout croît, & vit en Dieu ; la foible creature

De ſa main liberale attend la nourriture,

Aux pâturages gras il mene ſes troupeaux,

430 Il les conduit luy-meſme à la ſource des eaux,

Paſteur plein de tendreſſe il adoucit leurs peines,

Il porte dans ſon ſein les brebis qui ſont pleines.

Soumettons-nous ſans crainte à cette Verité,

La Grace eſt le ſoûtien de notre humilité.

435 Au Dieu qui vous conduit, mortels, rendez hommage,

N'allez point toutefois en déteſtant Pelage,

Dans un aveugle excès follement entraînez,

REMARQUES.

Vers 221. *Quand nous courons vers elle, &c.*) Quis confugit ad Gratiam, niſi cum à Domino greſſus hominis diriguntur, & viam ejus volet ? ac per hoc & deſiderare auxilium Gratiæ, initium Gratiæ eſt. *S. Aug. de correp. & Gr. c.* 1.

Vers 222. *Quand pour elle, &c.*) Dei donum eſt diligere Deum. 2. *Conc. d'Orange.*

Vers 224. *Par d'ineffables ſons, &c.*)

Ipſe ſpiritus poſtulat pro nobis gemitibus inenarrabilibus. *aux Rom.* 8. 26.

Vers 229. *Aux pâturages gras, &c.*) Reget eos & ad fontes aquarum potabit eos. *Iſaie* 49. 10.

Vers 232. *Il porte dans ſon ſein.*) In brachio ſuo congregabit agnos & in ſinu ſuo levabit, fœtas ipſe portabit. *Iſaie* 40. 11.

Vous croire des captifs malgré vous enchaînez

Et du Ciel oubliant la douceur infinie,

240 Changer son regne aimable en dure tyrannie.

L'impetueux Luther exhalant ses fureurs

Joignit ce dogme impie à tant d'autres erreurs.

Affectant d'élever la Grace & sa puissance,

Il voulut nous ravir la libre obéïssance,

245 Prétendit que contraint par les supresmes loix,

L'homme marche toûjours sans volonté, sans choix,

Vil esclave chargé de chaînes invisibles.

Préchant après Luther ces maximes horribles,

Calvin mit tout en feu; le fidelle trembla,

250 Et sur ses fondemens l'Eglise s'ébranla.

Pour rassurer alors la Verité troublée,

La sage & sainte Eglise à Trente rassemblée,

Sans que jamais l'erreur y pût mesler son fiel,

Reçut, & nous rendit les réponses du Ciel.

255 Défendons, en suivant ses dogmes respectables,

De nostre liberté les droits inalterables.

Notre cœur n'est qu'amour; il ne cherche, il ne fuit,

R E M A R Q U E.

Vers 257. *Notre cœur n'est qu'amour.*) Quod amplius nos delectat, secundum id operemur necesse est. *S. Aug. expos. Epist ad Galat. c. 5.*
Delectatio quasi pondus est animæ. *Id. de musica. l. 6. c. 11.*
Cum id quod agendum, & quo nitendum est cœperit non latere, nisi etiam delectet & ametur, non agitur, non suscipitur, non bene vivitur; ut autem diligatur, caritas Dei diffunditur in cordibus nostris, non per arbitrium liberum quod surgit ex nobis, sed per Spiritum sanctum qui datus est nobis. *De Spir. & litt. c. 3.*

Qu'emporté par l'amour dont la Loy le conduit :

Le plaisir est son maistre, il suit sa douce pente,

260 Soit que le mal l'entraisne, ou que le bien l'enchante.

Il ne change de fin, que lorsqu'un autre objet

Efface le premier par un plus doux attrait ;

La Grace l'arrachant aux voluptez funestes

Luy donne l'avant-goust des voluptez celestes,

265 Le fait courir au Bien qu'en elle il apperçoit,

Voir ce qu'il doit cherir, & cherir ce qu'il voit.

C'est par-là que la Grace exerce son empire ;

Elle mesme est amour, par amour elle attire ;

Commandement toûjours avec joye accepté,

270 Tyran dont les liens rendent la liberté,

Charme qui sans effort brise tout autre charme,

Vainqueur qui plaist encore au vaincu qu'il desarme.

Non que le Dieu puissant qui sçait nous enflammer

REMARQUES.

Vers 263. *La Grace l'arrachant.*) Vincimur, nisi divinitus adjuvemur, ut non solùm videamus quid faciendum sic, sed etiam accedente suavitate delectatio justitiæ vincat in nobis aliarum rerum delectationes. *Enchirid. c.* 81.

Faciat plus delectare quod præcipit, quàm delectat quod impedit. *De Spir & litt. c* 29.

Vers 266. *Voir ce qu'il doit cherir, &c.*) Sic docet Deus eos qui secundum propositum vocati sunt, simul donans & quid agant scire, & quod sciunt agere. *S. Aug. de Gratia. s. 13.*

Gratia agitur non solum ut facienda noverimus, vernum etiam ut cognita faciamus, nec solum ut dili-genda credamus, verum etiam ut credita diligamus. *Ibid. c. 12.*

Vers 268. *Elle mesme est amour, &c*) —— Indit amorem Quo redametur amans, & amor quem conferit ipse est. *S. Prosper 2. part. 2.*

Vers 270. *Tyran dont les liens, &c*) Tunc efficimur vere liberi, cum Deus nos fingit, id est format & creat, non ut homines quod (am fecit, sed ut boni homines, quod nunc gratia sua facit. *S. Aug. Enchirid.*

Voluntas libera tanto erit liberior, quanto sanior, tanto autem sanior, quanto divinæ misericordiæ Gratiæque subjectior. *S. Aug. Epist. 147.*

Malgré nous toutefois nous force de l'aimer ;

275　Ni qu'à suivre son ordre il veüille nous contraindre ;

En cela pour nos droits nous n'avons rien à craindre.

La Grace se plaist-elle à la gesne du cœur ?

Non, ses heureuses loix sont des loix de douceur.

Il est vray, qu'aussi-tost qu'elle se fait entendre

280　Un infaillible aveu se haste de s'y rendre ;

Mais faut-il s'étonner que cette aimable ardeur,

Dissipe en un moment la plus longue froideur ?

Que du celesté feu cette vive étincelle

Embrase tous les cœurs, n'en trouve aucun rebelle ?

285　Que cette douce chaîne enchaîne librement ?

Que cette voix obtienne jamais un sûr consentement ?

Sans qu'en elle jamais la moindre violence

Arrache cette entiere & prompte obéïssance.

Le malade qui souffre & sent qu'il va mourir

290　Repousse-t'il celuy qui vient pour le guerir ?

Libre de rejetter un pain qu'on luy presente,

Le Pauvre le ravit quand la Faim le tourmente.

Et maistre de rester dans la captivité

R E M A R Q U E.

Vers 278. *Non , ses heureuses loix,*
&c.) Non arbitreris illam aliquam
molestamque violentiam : dulcis est ,
suavis est , ipsa suavitas te trahit :
nonne ovis trahitur cum esurient
herba, monstratur ? *S. Aug. serm.*
131.

Tunc disco ut faciam , si in tua
suavitate doceas me : quamdiu blan-
ditur iniquitas & dulcis est iniquitas, amara est veritas. In tua suavitate doce me : ut suavis sit veritas,
dulcedine tua contemnatur iniquitas.
S. Aug. serm. 154.

Toûjours

Toûjours un malheureux court à la liberté.

295   La volonté peut donc fans eftre maîtrifée

Au pouvoir très-réel fans ceffe eftre oppofée,

Et Luther & Calvin affurent follement

Que la Grace affervit à fon commandement.

J'abhorre, je profcris cet horrible blafphême;

300 De mon fang, s'il le faut, j'en figne l'anathême.

L'homme libre en fon choix, arbitre de fon fort,

Devant luy voit toûjours & la vie & la mort.

C'eft toûjours librement que la Grace l'entraîne,

Il peut luy refifter, il peut brifer fa chaîne.

305   Ouy, je fens que je l'ay ce malheureux pouvoir,

Et loin de m'en vanter, je gemis de l'avoir.

Avec un tel appuy qu'aifément on fuccombe!

Ah, qui me donnera l'aifle de la colombe!

Loin de ce lieu d'horreur, de ce goufre de maux

310 J'irois, je volerois dans le fein du repos.

C'eft là qu'une éternelle & douce violence

Neceffite des Saints l'heureufe obéïffance.

C'eft là que de fon joug le cœur eft enchanté,

REMARQUES.

Vers 302. *Devant luy voit, &c.* ! Ante hominem vita & mors. Bonum & malum, quod placuerit ei, dabitur illi. *Ecclefiaft.* 15. 18.

Vers 304. *Il peut luy refifter, &c.* ! Si quis dixerit liberum hominis arbitrium à Deo motum, & excitatum nihil cooperari affentiendo Deo ex-citanti ..... Nec poffe diffentire fi velit ...... anathema fit. *Conc. de Trente feff. 6. can. 4.*

Vers 308. *Ah, qui me donnera, &c.*) Quis dabit mihi pennas ficut columbæ, & volabo & requiefcam ? *Pfalm.* 54. v. 13.

E

C'eft-là que fans regret l'on perd fa liberté.

315 Là de ce corps impur les ames délivrées :

De la joye ineffable à fa fource enyvrées,

Et riches de ces biens que l'œil ne fçauroit voir,

Ne demandent plus rien, n'ont plus rien à vouloir.

De ce Royaume heureux Dieu bannit les allarmes,

320 Et des yeux de fes Saints daigne effuyer les larmes.

C'eft là qu'on n'entend plus ni plaintes ni foûpirs ;

Le cœur n'a plus alors ni craintes, ni defirs.

L'Eglife enfin triomphe : & brillante de gloire

Fait retentir le Ciel des chants de fa victoire ;

325 Elle chante, tandis qu'Efclaves defolez

Nous gemiffons encor fur la terre exilez.

Près de l'Euphrate affis nous pleurons fur fes rives,

Une jufte douleur tient nos langues captives.

Eh, comment pourrions-nous au milieu des méchans

330 O celefte Sion, faire entendre tes chants !

Helas ! nous nous taifons, nos Lyres détenduës

Languiffent en filence aux faules fufpenduës.

Que mon exil eft long ! ô tranquille cité !

Sainte Jerufalem ! ô chere Eternité !

REMARQUES.

Vers 320. *Et des yeux de fes Saints,*
&c.] Abfterget Deus omnem lacri-
mam ab oculis eorum. *Apocal.* 7.
17.

Vers 327. *Près de l'Euphrate, &c.*]
Super flumina Babylonis, illic fedi-
mus & flevimus, &c. *Pfalm.* 236.

Quand irai-je au torrent de ta volupté pure
Boire l'heureux oubli des peines que j'endure !
Quand irai-je goûter ton adorable paix !
Quand verrai-je ce jour qui ne finit jamais !

CHANT III.

TEL que brille l'éclair qui touche au mesme
     inftant
Des portes de l'Aurore aux bornes du Couchant,
Tel que le trait fend l'air fans y marquer fa trace,
Tel & plus prompt encor parut le coup de la Grace.
5 Il renverfe un Rebelle auffi-toft qu'il l'atteint;
D'un fcelerat affreux un moment fait un Saint,
Ce foudre inopiné, cette invifible flamme
Frappe, éclaire, faifit, embrafe toute l'ame.
Saintement penetré d'un fpectacle effrayant
10 Rancé de fes plaifirs reconnoît le neant,
D'Efclave il devient libre, à la Cour il échappe,
Et fuit dans les deferts pour enfanter la Trappe.
Ainfi courant à nous lorfque nous nous perdons
La Grace quelquefois précipite fes dons.

REMARQUES.

Vers 1. *Tel que brille l'éclair.*) Sicut fulgur exit ab Oriente, & paret ufque in Occidentem, ita &c. *Matth.* 24. *v.* 27.

Vers 9. *Saintement penetré.*) L'on attribue communement l'etonnante converfion de Monfieur de Rancé a la vuë du cercueil dune Dame qu'il aimoit.

Vers 14. *La Grace quelquefois, &c.*) Exerit quidem frequenter potens & mifericors Deus, mirabiles iftos fuæ operationis effectus, & quibufdam meatibus non expectata profectuum mora, totum fimul quidquid collaturus eft invenit . . . . . multo tamen crebrior multoque numerofior pars illa hominum eft, cui particulatim quidquid fuper largitas donat, accrefcit. *Traité de la Vocation des Gentils.*

15 Souvent en nous cherchant, moins rapide & moins
  vive,

Par des chemins cachez lentement elle arrive.

Elle n'eft pas toûjours ce tonnerre perçant

Qui fend un cœur de pierre, & par un coup puiffant

Abbat Saul qu'emportoit une rage homicide,

20 Fait d'un Perfecuteur un Apoftre intrepide;

Arrache Magdelaine à fes honteux objets,

Zachée à fes trefors, & Pierre à fes filets.

Quelquefois doux rayon, lumiere temperée,

Elle approche, & le cœur luy difpute l'entrée.

25 Auguftin dans fes fers contre elle fe débat,

Repouffe quelques coups, prolonge le combat.

Oüi, l'homme ofe fouvent, trifte & funefte gloire,

Entre la Grace & luy balancer la victoire;

Mais la Grace pourfuit le Pecheur obftiné,

30 Et parlant de plus près à ce cœur mutiné,

Tantoft par des remords l'inquiete & le trouble;

REMARQUES.

Vers 21. *Arrache Magdelaine.*) Quoique l'opinion commune des Sçavans diftingue Marie Magdelaine de la Femme pech.reffe, je crois qu'il eft permis à un Poëte de fuivre en cela le langage du peuple.

Vers 29. *Mais la Grace pourfuit.*) Gratia Dei ex n... te volentem facit. *Saint Aug. op. imperf. contra Jul. c.* 122.

Vers 31. *Tantoft par des attraits.*) Reluctanti prius auditus divinæ vo-cationis ipfa Dei Gratia procuratur, ac deinde in illo jam non reluctante ftudium virtutis accenditur. *Id. contra 2. epift. Pelag. l. c. 6.*

Nen.o vent n n velit. Trahitur ergo miris modis ut velit, ab illo qui novit intus in ipfis hominum cordibus operari, non ut homines, quod fieri non poteft, nolentes credant, fed ut volentes ex nolentibus fiant. *Ibid. l. 1. c. 19.*

Tantoft par des attraits que fa bonté redouble
Elle amollit enfin cette longue rigueur,
Et l'homme cede alors vaincu par la douceur.

35 De la Grace tel eft l'aimable & faint empire;
Elle entraîne le cœur, & le cœur y confpire :
Nous marchons avec elle; ainfi nous meritons,
Et nous devons nommer nos merites des dons.

Ainfi Dieu toûjours maiftre infpire, touche, éclaire,
40 Et l'homme toûjours libre, agit & coopere.

Auguftin de l'Eglife & l'organe & la voix,
De la celefte Grace explique ainfi les loix.

Temeraire docteur, eft-ce là ton langage?

Honteux de reconnoiftre un fi libre efclavage,
45 Par tes détours fubtils, par tes fiftêmes vains
Tu prétends éluder les maximes des Saints.

Helas! de notre orguëil telle eft l'horrible playe;
Nous craignons d'obéïr, & le joug nous effraïe.

Voulant trop raifonner, nous nous égarons tous :

R E M A R Q U E S.

Vers 36. *Elle entraîne le cœur, &c.*) Nos volumus, fed Deus in nobis operatur & velle, nos ergo operamur, fed Deus in nobis operatur & o eari pro bona voluntate. *S. Aug de dono perfev. c.* 13.

Vers 38. *Et nous devons nommer nos merites des dons.*) Tanta eft erga homines Dei bonitas ut eorum velit ff merita, quæ funt ipfius dona. *Conc. de Trente fef. 6. c.* 16.

Merita tua nufquam jactes quia & ipfa tua merita Dei dona funt. *S.*

Aug enarr in Pfalm. 144. *c.* 11.
O beate Paule . . . . dicam nec timeam, redditur quidem meritis tuis corona fua, fed Dei dona funt merita tua. *Id. d geftis Pelag. c.* 14.

Vers 29. *Ainfi Dieu, &c.*) Ut velimus, fine nobis operatur, cum autem volumus, & fic volumus ut faciamus, nobifcum cooperatur. *De Grat & lib arbit c.* 17.

Vers 40. *Et l'homme toûjours, &c.*) Operamur & nos, fed illo operante cooperamur. *Id. de nat. & Gra. c.* 35.

50 Et de notre pouvoir défenfeurs trop jaloux,

Nous ufurpons du Ciel les droits les plus auguftes,

Nous fixons fon empire à des bornes injuftes ;

Mais que Dieu confondroit une telle fierté

S'il nous abandonnoit à notre liberté !

55 La Grace, dites-vous, vous paroîft la contraindre,

Agreable peril ! ah ! rifquons fans rien craindre,

De trop donner à Dieu, de trop compter fur luy.

Quel honneur, & quel bien d'avoir un tel appuy !

Laiffons, laiffons agir la volonté fuprême,

60 L'homme eft cher à fon Dieu beaucoup plus qu'à

     foy-même ;

Dépendons avec joye, & foyons amoureux

Du falutaire joug qui feul nous rend heureux.

Eh, comment refifter á fa force puiffante ?

La molle & fouple argile eft moins obéïffante

65 A la main du potier qui la tourne à fon gré,

Que le cœur n'eft docile au bras qui l'a formé.

Oüi, c'eft de ta bonté que je dois tout attendre,

R E M A R Q U E S.

Vers 56. *Agreable peril*, &c.] Tutiores vivimus, fi totum Deo damus, non autem nos illi ex parte, & nobis ex parte committimus. *De dono perfev* c. 6.

Vers 60. *L'homme eft cher*, &c.] —— Aptiffima quæque dabunt dii. Carior eft illis homo quam fibi. *Juvenal. Sat.* 10.

Vers 66. *Que le cœur n'eft docile.*]

—— Mutans intus mentem atque reformans Vafque novum ex fracto fingens virtute creandi. *S. Profper* 2. p.

Ille qui in cœlo & in terra omnia quæcumque voluit, fecit, etiam in cordibus hominum operatur. *S. Aug. de Grat. & lib. arbit.* c. 21.

J'en

J'en dépends, mais, Seigneur, ma gloire eſt d'en

    dépendre;

Tu me menes, je vais; tu parles, j'obéïs;

70 Tu te caches, je meurs; tu parois, je revis;

A moy-meſme livré, conduit par mon caprice

Ah, j'iray me plonger dans l'affreux precipice;

Mes vices que je hais, je les tiens tous de moy;

Ce que j'ay de vertus je l'ay reçu de toy;

75 De mes égaremens moy ſeul je ſuis coupable;

De mes heureux retours je te ſuis redevable;

Les crimes que j'ay faits tu me les as remis;

Et je te dois tous ceux que je n'ay point commis.

    Qu'une telle doctrine eſt douce & conſolante!

80 Elle remet la paix dans mon ame tremblante.

La Foy m'apprend d'abord à tout craindre de moy,

L'eſperance bientôt vient ranimer ma Foy.

,, Par vos foibles efforts, il eſt vrai, me dit-elle,

,, Vous ne ſuivrez jamais la voix qui vous appelle!

REMARQUES.

Vers 71. *A moy-meſme livré.*) Noli de te præſumere: ſi te dereliquerit Deus, in ipſa via deficies, cades, aberrabis, remanebis: dic ergo illi, voluntatem quidem liberam dediſti mihi, ſed ſine te nihil eſt mihi conatus meus. *S. Aug. enar.* 2. *in Pſal.* 26. *c.* 17.

Vers 73. *Mes vices que je hais.*) Mea ſola, non ſunt niſi peccata. *Idem in Pſalm.* 70. *ſerm.* 1. *c.* 20.

Vers 75. *De mes égaremens, &c.*) Dicturus eras, hoc poteſt voluntas mea, hoc poteſt liberum arbitrium meum. Quæ voluntas? Quod liberum arbitrium? niſi ille regat, cadis: niſi ille erigat, jaces. *Id. ſerm.* 156. *v.* 10. *de verbis Apoſt. Rom.* 8.

Vers 76. *De mes heureux retours.*) Non potuiſti in te niſi perdere te, nec ſcis invenire te, niſi ille qui fecit te, quærat te. *Id. ſerm.* 13. *v.* 3.

Vers 78. *Et je te dois tous ceux, &c.*) Gratæ tuæ deputo & quæcumque non feci mala; & omnia mihi dimiſſa eſſe fateor, & quæ mea ſponte feci mala, & quæ te duce non feci. *Id. Confeſſ. l.* 2. *c.* 6.

F

85 „De cruels ennemis, helas ! environné

„ Vous estes à leurs traits sans cesse abandonné.

„ Mais vous avez au Ciel un Pere qui vous aime,

„ Un Pere, c'est le nom qu'il s'est donné luy-mesme,

„ Rasseurez-vous, son Fils luy sera toûjours cher.

90 „ Perisse l'insensé qui prend un bras de chair.

„ Mais l'homme humble & fidelle à son Dieu se confie,

„ Et peut tout en celuy qui seule le fortifie.

Le M...... aidé par un autre secours

Ne sera point ému d'un semblable discours.

95 A ses ordres soûmise, à ses desirs presente

Et compagne assiduë, ainsi qu'obéïssante

La Grace, nous dit-il, vient offrir son appuy,

Quand il veut, il s'en sert, l'usage en est à luy.

Dieu fournit l'instrument qui gagne la victoire,

100 Mais de s'en bien servir l'homme seul a la gloire.

Dogmes cachez long-tems aux humains aveuglez,

Et qui par M...... sont enfin dévoilez ;

M...... qui pour nous plein d'un amour de pere

Adoucit d'Augustin le dogme trop severe,

105 Rend un calme flateur à notre esprit troublé,

R E M A R Q U E S.

Vers 90. *Perisse l'insensé.*) Maledictus homo qui confidit in homine, & ponit carnem brachium suum. *Jerem.* 17. 5.

Vers 92. *Et peut tout en celuy, &c.*) Omnia possum in eo qui me confortat. *Aux Philip.* 5. 4. v. 13.

Décide & parle en maiſtre où Paul avoit tremblé.

,, Il n'eſt point, nous dit-il, de race favorite,

,, Dieu ſçait de cet enfant quel ſera le merite,

,, Dieu le voit déja tel qu'il doit ſe rendre un jour,

110 ,, Et luy deſtine ainſi ſa haine ou ſon amour.

,, La Grace eſt une ſource en public expoſée,

,, Dont l'onde eſt en tout tems par toute main puiſée

,, Et lorſque pour agir nous faiſons nos efforts

,, Dieu nous doit auſſi-toſt ouvrir tous ſes treſors.

115 Dans l'Eſpagne où d'abord ces maximes parurent

La Verité trembla, les Ecoles s'émurent,

Et du ſaint ſi fameux par ſes rares écrits

Les Diſciples ſçavans éleverent leurs cris.

Pour ramener la paix dans l'Egliſe troublée

120 Le Pontife appella la fameuſe aſſemblée

Où Lemos défenſeur des celeſtes ſecours

Du menſonge ſouvent débroüilla les détours.

On vit, on deteſta la doctrine nouvelle.

Clement alloit lancer ſon tonnere ſur elle,

REMARQUES.

Vers 113. Et lorſque pour agir, &c. Facienti quod in ſe eſt, Deus non denegat Gratiam. Propoſition qui fut condamnée par le Clergé de France en 1700.

Vers 118. Et du ſaint ſi fameux, &c.) Saint Thomas. Les Dominiquains ſes Diſciples, attaquerent vivement le Livre, de Concordia Gratia & liberi arbitrii, dés qu'il parut ils le defere-rent à l'Inquiſition de Valladolid & de Caſtille. Cette cauſe fut portée à Rome, où le Pape Clement VIII. pour en juger, établit la Congrega-tion de Auxiliis en 1597.

Vers 121. Où Lemos.) Celebre Do-miniquain, qui ſouſtint tout le poids des diſputes tenües dans la Congrega-tion de Auxiliis.

125 Son bras eſtoit levé, mais la mort l'arreſta.

Paul qui bientoſt après dans ſa chaire monta,

Voulut frapper l'erreur à ſon trône citée :

Il prepara le coup, la bulle fut dictée :

Du ſiſtême nouveau le défenſeur craignit,

130 Mais dans le Vatican le foudre s'éteignit.

De M ..... pourtant qu'épargne l'anathême

Ne deteſtons pas moins le dangereux ſiſtême,

Si le cœur orgueilleux aiſément le reçoit,

Plus aiſément encor la Raiſon le conçoit.

135 Le Ciel à nos regards n'a plus rien d'inviſible,

On perce de la Foy le nuage terrible,

Des myſteres divins le voile eſt écarté.

Mais, pour moy qui cheris leur ſainte obſcurité,

Je ramene le voile, & ne veux pas comprendre

140 Ce qu'un foible mortel ne doit jamais entendre :

Quelle main temeraire oſeroit arracher

Les ſceaux qu'au Livre ſaint Dieu voulut attacher ?

Toy ſeul, Agneau puiſſant, ô Victime adorable !

Toy ſeul tu peux ouvrir le Livre reſpectable.

REMARQUES.

Vers 130. *Mais dans le Vatican.*) Clement VIII. mourut lorſqu'il eſtoit preſt de décider la queſtion. LeonXI. luy ſucceda, & mourut peu de jours après. Paul V. reprit l'examen de ces diſputes, & les fit continuer en ſa preſence. Enfin ſuivant la plura-lité des voix, il fit dreſſer une bulle,

mais il ne la publia jamais.

Vers 141. *Quelle main, &c.*) Quis dignus eſt accipere librum & ſolvere ſignacula ejus ? *Apocal.* 5. 2.

Vers 143. *Toy ſeul, &c.*) Dignus es Domine accipere librum, & ape-rire ſignacula ejus, quoniam occiſus es, &c. *Ibid. v. 8.*

145 Helas, s'il eſtoit vray, qu'un ſerviteur heureux,

Miniſtre obéïſſant, vînt remplir tous mes vœux,

Si je trouvois pour moy la Grace tôûjours preſte,

Que du Ciel aiſément je ferois la conqueſte !

Mais l'homme toutefois, chancelant, inégal,

150 Rencontre à tous ſes pas quelque obſtacle fatal.

A la plus douce paix un trouble affreux ſuccede.

Il aimoit, il languit ; il brûloit, il eſt tiede :

La joye & le chagrin, la froideur & l'amour,

De ſon cœur inconſtant s'emparent tour à tour.

155 Après avoir long-tems couru dans la carriere,

Tout à coup il s'arreſte & recule en arriere.

Toy donc, heureux mortel, arbitre ſouverain.

Toy qui trouves tôûjours la Grace ſous ta main,

Contre tant de malheurs montre ton privilege,

160 Fais connoiſtre tes droits au Demon qui t'aſſiege.

Le chagrin te ſaiſit, tu te ſens agité ;

Vien te rendre la joye, & la tranquillité,

Etouffe ces dégoûts qui commencent à naiſtre :

Il eſt tems : qu'attends-tu ? commande, parle en

maiſtre.

165 Mais quoy ? deſir, effort, menace, tout eſt vain;

R E M A R Q U E.

Vers 159. *Montre ton privilege.*) Selon M... Dieu a fait un pacte avec Jeſus-Chriſt, par lequel il s'engage à donner la Grace à tous les hommes qui feront ce qui ſera en eux par les forces de la nature.

Et tu veux fans fuccès trancher du Souverain.

Miferable, du moins reconnoi ta mifere.

L'orguëil t'avoit feduit, fais-en l'aveu fincere,

Et reffens le befoin d'un plus puiffant fecours,

170 Au Seigneur fans rougir tu peux avoir recours.

Va pleurer à fes pieds; implore, preffe, crie,

Il fe plaift à donner, mais il veut qu'on le prie,

Il faut ravir fes biens, & pour eftre accordé,

Sans ceffe fon appuy doit eftre demandé.

175 Nous ne pouvons jamais laffer fa patience,

Il aime que nos cris luy faffent violence.

Cependant fi la Grace obéït à nos loix,

Faut-il pour l'obtenir l'appeller tant de fois?

Et fi nous avons tous la force falutaire,

180 Que fert-il de prier? nous devons tous nous taire.

Tendre Eglife fur nous vous pleurez vainement,

Colombe finiffez ce long gemiffement.

REMARQUES.

Vers 172. *Il fe plaît à donner, &c.*) Deus dare vult, fed non dat nifi petenti, ne det non cupienti. *S. Aug. in Pfalm.* 102 *art.* 10.

Vers 173. *Il faut ravir fes biens, &c.*) Vult exerceri in orationibus defiderium noftrum, quo poffimus capere, quod præparat dare. *Id Epift.* 130. *c* 8.

Vers 180. *Que fert il de prier, &c.*) Quid ftultius quam orare ut facias, quod in poteftate habeas? *Id. de Na-. & Grat c.* 18.

Qui orat, & dicit *ne nos inferas in tentationem*, non utique id orat ut homo fit, quod eft naturâ, neque id orat ut habeat liberum arbitrium, quod jam accepit, cum crearetur ipfa natura; neque orat remiffionem peccatorum, quia hoc fuperius dicitur, *Dimitte nobis debita noftra*, neque orat ut accipiat mandatum, fed plane orat ut faciat mandatum: orat ergo ut non peccet.... unde fatis apparet quod ad non peccandum, id eft ad non male faciendum, quamvis effe non dubitetur arbitrium voluntatis, tamen ejus poteftas non fufficiat, nifi adjuvetur infirmitas, ipfa igitur oratio, clariffima eft gratiæ teftificatio. *Id. epift.* 167 *c.* 2.

Miniſtres eſſuyez vos larmes aſſiduës ;

Et retirez vos mains vers le Ciel étenduës ;

185 Vous qui pouſſez vers Dieu dès ſoûpirs éternels

Fideles proſternez aux pieds de ſes autels,

Pourquoy répandre ainſi des prieres ſteriles ?

C'eſt à vous d'ordonner, vos cœurs vous ſont dociles,

Vous-meſmes à vos maux donnez un prompt ſecours,

190 Vous pouvez tout ; mais quoy, vous ſoûpirez toû-

jours,

Et de tous vos efforts vous ſentez l'impuiſſance.

Helas, qui n'en a point la triſte connoiſſance !

Quel mortel à ſon gré diſpoſe de ſon cœur !

Si l'on en croit pourtant un ſiſtême flateur,

195 Pour le bien & le mal l'homme également libre

Conſerve, quoy qu'il faſſe, un conſtant équilibre :

Et lorſque l'écartant des loix de ſon devoir

Les paſſions ſur luy redoublent leur pouvoir,

Auſſi-toſt balançant le poids de la nature

200 La Grace de ſes dons redouble la meſure,

L'homme les perd encore, & toûjours liberal

Le Ciel de nouveaux dons luy rend un nombre égal.

Dieu pour le criminel qui brave ſa colere

Doit payer de ſes biens un tribut neceſſaire.

205 Mais en les diſſipant on s'enrichit encor

Et de Graces ſans nombre on amaſſe un treſor.

Pourquoy donc les Pecheurs qui deteſtent leurs
    chaînes,

Pour s'en débarraſſer trouvent-ils tant de peines?

Ces plaiſirs qu'avec joye ils ont long-tems ſuivis

210 Sous leur regne cruel les tiennent aſſervis;

Ils voudroient s'affranchir d'un joug dont ils gemiſ-
    ſent,

Mais helas, chaque jour leurs forces s'affoibliſſent,

Leurs fers ſe reſſerrant deviennent plus affreux,

215 Et toûjours leur fardeau s'appeſantit ſur eux.

Oüi, de nos paſſions la trop longue habitude

Malgré nous à la fin ſe change en ſervitude.

Pour connoiſtre à quels maux ce mortel eſt livré

Qui veut chaſſer l'amour de ſon cœur ulceré,

220 Faiſons taire un moment les Saints dans cet ouvrage

Et d'un Voluptueux écoutons le langage.

„Infortuné captif, ceſſe donc de ſouffrir:

R E M A R Q V E S.

Vers 215. *Oüi, de nos paſſions, &c.*)
Ex voluntate perverſa, facta eſt li-
bido, & dum ſervitur libidini, facta
eſt conſuetudo, & dum conſuetudini
non reſiſtitur, facta eſt neceſſitas.
S. Aug. Confeſſ. l. 8. c. 5.

Vers 221. *Infortuné captif, &c.*)
Tout cecy eſt imité de l'Epigramme
ſoixante-dix-ſeptiéme de Catulle.
Quin te animo obfirmas itaque in-
    ſtructoque reducis?
Et diis invitis, deſinis eſſe miſer?
Difficile eſt longum ſubito deponere
    amorem.
Difficile eſt: verum hoc quâ lubet,
    efficias.....
O Dii, ſi veſtrum eſt miſereri, aut ſi

quibus unquam
Extrema jam ipſa in morte tuliſtis
    opem,
Me miſerum aſpicite: & ſi vitam
    puriter egi,
Eripite hanc peſtem, perniciem-
    que mihi,
Quæ mihi ſubrepens imos, ut torpor,
    in artus,
Expulit ex omni pectore lætitias.
Non jam illud quæro, contra ut me
    diligat illa....
Ipſe valere opto, & tetrum hunc de-
    ponere morbum
O Dii reddite mi hoc pro pietate
    mea.

„Sauve-toy,

,, Sauve-toy guéris-toy ; mais comment te guérir ?

,, Comment fortir fi-toft d'un fi long efclavage ?

,, O Dieux ! fi la clemence eft votre heureux partage,

225 ,, Si vous jettez les yeux fur ceux qui vont mourir,

,, Mes fupplices cruels vous doivent attendrir.

,, Grands Dieux ! regardez-moy ; détournez cette
    flamme,

,, Qui défend à la paix toute entrée en mon ame,

,, Et confume mon corps par un cruel poifon.

230 ,, Je ne t'implore, ô Ciel ! que pour ma guerifon,

,, Je ne demande pas que de celle que j'aime

,, L'amour puiffe répondre à mon amour extrême,

,, Mais fi j'ay merité quelque chofe de toy,

,, O Ciel ! rends-moy la vie; ô Dieux gueriffez-moy.

235 Ovide en criminel avoüant tous fes crimes
Nous en avoüe auffi les peines legitimes.

,, Je hais ce que je fuis, je ne m'aimai jamais;

,, Cependant malgré-moy je fuis ce que je hais.

,, Non, je ne puis fortir de mon état funefte;

240 ,, Qu'il eft dur de porter un fardeau qu'on détefte ?
Medée en fuccombant regrète fa Pudeur,

REMARQUES.

Vers 237. *Je hais ce que je fuis.*)
Odi, nec poffum cupiens non effe
quòd odi.
Heu quàm quod ftudeas ponere,
ferre grave eft !

Ovid. Amor. l. 2. eleg. 4.
Vers 241. *Medée en fuccombant.*)
———Si poffem, fanior effem,
Sed trahit invitam, nova vis; aliud-
que cupido,

G

Et se livre au transport que condamne son cœur.

Pour sauver les débris de sa Vertu fragile

Dans les bras de la mort Phedre cherche un asile.

245 Mais détournons nos yeux de ces tristes objets,

Et laissons les Payens en proye à leurs regrets.

Regardons un mortel que la Grace divine

Fait sortir triomphant d'une guerre intestine;

Et du grand Augustin apprenons aujourd'huy

250 Ce que l'homme est sans Dieu, ce que Dieu peut

sur luy.

„ Ma fougueuse jeunesse ardente pour les crimes

„ Me fit courir d'abord d'abismes en abismes,

„ Je vous fuyois, Seigneur, vous ne me quittiez pas;

„ Et la verge à la main me suivant pas à pas,

255 „ Par d'utiles dégoûts vous me rendiez ameres

„ Ces mesmes voluptez à tant d'autres si cheres.

„ Vous tonniez sur ma teste; à vos pressans avis

„ Ma mere s'unissoit en pleurant sur son fils.

REMARQUES.

Mens aliud suadet: video meliora, proboque,
Deteriora sequor.
Ovid. Metam. lib. 7.

Vers 251. *Ma fougueuse jeunesse.*) Utrumque in confuso æstuabat, & rapiebat imbecillam ætatem per abrupta cupiditatum, atque mersabat gurgite flagitiorum. *S. Aug. Confess. l.* 2. *c.* 2.

Vers 253. *Je vous fuyois, Seigneur,* &c.) Tu semper aderas misericorditer sæviens, & amarissimis aspergens offensionibus omnes illicitas ju-

cunditates meas. *Ibidem.*

Vers 257. *Vous tonniez sur ma teste,* &c.) Invaluerat super me ira tua & nesciebam. Obsurdueram stridore catenæ mortalitatis meæ, pœna superbiæ animæ meæ. *Ibid.*

Et circumvolabat super me fidelis à longe misericordia tua. .... & in omnibus flagellabas me. *l.* 3. *c.* 3.

Vers 258. *Ma mere s'unissoit,* &c.) Non desineret horis omnibus orationum suarum de me plangere ad te *Ibid. c.* 11.

„ Mais j'étois ſourd alors par le bruit de ma chaîne,

260 „ Chaîne de paſſions qu'un miſerable traîne.

„ Ma mere par ſes pleurs ne pouvoit m'ébranler,

„ Et vous tonniez, grand Dieu, ſans me faire trem-

bler.

„ Enfin de mes plaiſirs l'ardeur fut amortie,

„ Je revins à moy-meſme, & deteſtai ma vie;

265 „ Je voyois le chemin, j'y voulois avancer ;

„ Mais un funeſte poids me faiſoit balancer.

„ J'avois trouvé, j'aimois cette perle ſi belle

„ Sans pouvoir me reſoudre à tout vendre pour elle.

„ Par deux puiſſans rivaux tour à tour attiré

270 „ J'eſtois de leurs combats au dedans déchiré.

„ Mon Dieu m'aimoit encore, & ſa bonté ſupreſme

„ Souvent à mes regards me preſentoit moy-meſme.

„ Helas qu'en ce moment je me trouvois affreux !

„ Mais j'oublios bientoſt mon eſtat malheureux:

275 „ Un ſommeil létargique accabloit ma paupiere.

REMARQUES.

Vers 263. *Enfin de mes plaiſirs, &c.*) Viluit mihi repente omnis vana ſpes, & ſurgere cœperam ut ad te redirem. *l. 3. c. 4.*

Vers 267. *J'avois trouvé, j'ai-moi.*) Inveneram jam bonam marga-ritam, & venditis omnibus quæ ha-berem emenda erat, & dubitabam. *l. 8. c. 1.*

Vers 269. *Par deux puiſſans rivaux.*) Velle meum tenebat inimicus, & in-de mihi catenam fecerat, & conſtrin-xerat me...... Ita duæ voluntates meæ, una vetus, alia nova ; illa carnalis, illa ſpiritalis, confligebant inter ſe, atque diſcordando diſſipabant animam meam. *Ibid. c. 5.*

Vers 272. *Souvent à mes regards, &c.*) Conſtituebas me ante faciem meam, ut viderem quam turpis eſ-ſem, quam diſtortus & ſordidus, maculoſus, & ulceroſus. *Ibid. c. 7.*

Vers 275. *Un ſommeil létargique, &c.*) Sarcina ſæculi, velut ſomno

G ij

„ M'éveillant quelquefois je cherchois la lumiere,

„ Et dès qu'un foible jour pàroiffoit fe lever

„ Je refermois les yeux de peur de le trouver.

„ Une voix me crioit, *fors de cette demeure,*

280 „ Et moy, je répondois, *un moment, tout à l'heure*

„ Mais ce fatal moment ne pouvoit point finir,

„ Et cette heure toûjours differoit à venir.

„ De mes premiers plaifirs la troupe enchantereffe

„ Voltigeant près de moy, me repetoit fans ceffe :

285 „ *Nous t'offrons tous nos biens, & tu veux nous*
       quitter.

„ *Sans nous, fans nos douceurs qui peut fe contenter ?*

„ *Le fage en nous cherchant trouve un bonheur facile;*

„ *Son corps eft fatisfait, & fon ame eft tranquille.*

„ *Mortels vivez heureux & profitez du tems,*

290 „ *Du torrent de la joye enyvrez tous vos fens.*

„ *Fuyez de la Vertu l'importune trifteffe;*

R E M A R Q U E S.

affolet, dulciter premebar, & cogitationes quibus n e litabar in te, fi-
miles erant conatibus expergifci vo-
lentium, qui tamen fuperati fopo-
ris altitudine remerguntur. *Ibid.c.).*

Vers 280. *Et moy, je répondois,*
&c.) Modo, ecce modo, fine paululum. Sed modo & modo non ha-
bebant modum, & fine paululum in
longum ibat. *Ibid. c.*).

Vers 283. *De mes premiers plaifirs,*
&c.) Retinebant nugæ nugarum, &

vanitates vanitantium antiquæ amicæ meæ, & fuccutiebant veftem
meam carneam, & fubmurmurabant,
dimittifne nos ? & à momento ifto
non erimus tecum ultra in æternum...
velut à dorfo muffitantes & difce-
dentem quafi furtim vellicantes ut
refpicerem ; retardabant tamen cun-
ctantem me abripere atque excutere
ab eis & tranfilire quo vocabar, cum
diceret mihi confuetudo violenta ;
Putafne fine iftis poteris ? *Ibid. c.* II.

„ *Couchez-vous fur les fleurs, dormez dans la molleſſe*,

„ *Et toy qui dès long-tems nos bienfaits ont charmé*,

„ *Crois-tu donc qu'avec nous ton cœur accoustumé*

295 „ *Puiſſe ainſi s'arracher aux delices qu'il aime?*

„ *Helas , en nous perdant tu te perdras toy-meſme.*

„ Mais devant moy l'aimable & douce chaſteté

„ D'un air pur & ſerein, rempli de majeſté

„ Me montrant ſes amis de tout ſexe, tout âge,

300 „ Avec un ris mocqueur me tenoit ce langage.

„ *Tu m'aimes, je t'appelle , & tu n'oſes venir,*

„ *Foible & lâche Auguſtin , qui peut te retenir?*

„ *Ce que d'autres ont fait ne le pourras-tu faire?*

„ *Incertain, chancelant, à toy-meſme contraire,*

305 „ *Tu veux rompre tes fers , tu veux & ne veux plus.*

„ *Ne fixeras-tu point tes pas irreſolus?*

„ *Regarde à mes côtez ces colombes fidelles ,*

„ *Pour voler juſqu'à moy Dieu leur donna des aiſles,*

„ *Ce Dieu t'ouvre ſon ſein , jette-toy dans ſes bras.*

310 „ Helas je le ſçavois, mais je n'y courois pas.

REMARQUE.

Vers 297. *Mais devant moy , &c.*) Caſta dignitas continentiæ , ſerena & non diſſolute hilaris , honeſte blandiens ut venirem neque dubitarem,& extendens ad me ſuſcipiendum & amplectendum pias manus plenas gregibus bonorum exemplorum....... & irridebat me irriſione hortatoria quaſi diceret, tu non poteris quod iſti , quod iſtæ? an vero iſti & iſtæ in ſemetipſis poſſunt , ac non in Domino Deo ſuo? Dominus Deus eorum me dedit eis. Quid in te ſtas & non ſtas? projice te ſecurus in eum, noli metuere , non ſe ſubtrahet ut cadas ; projice te ſecurus, excipiet , & ſanabit te. *Ibid.*

,, Un jour enfin laſſé de cette vive guerre

,, Je pleurois, je criois, je m'agitois par terre,

,, Quand tout à coup frappé d'un ſon venu des cieux,

,, Et des mots du ſaint livre où je jettai les yeux,

315 ,, L'orage ſe calma, mes troubles s'appaiſerent,

,, Par votre main, Seigneur, mes chaînes ſe briſerent;

,, Mon eſprit ne fut plus vers la terre courbé,

,, Je ſortis de la fange où j'étois embourbé.

,, Ma volonté changea, ce qui vous eſt contraire

320 ,, Me déplut, & j'aimai tout ce qui peut vous plaire;

,, Ma mere qu'à vos pieds vous vîtes tant de fois

,, Pleurer ſur un ingrat rebelle à votre voix,

,, Ma tendre mere enfin ſortit de ſes alarmes,

,, Et retrouva vivant le fils de tant de larmes.

325 ,, Je connus bien alors que votre joug eſt doux,

,, Non, Seigneur, il n'eſt rien qui ſoit ſemblable à vous.

,, Dès icy-bas ma bouche unie avec les Anges

,, Ne ſe laſſera point de chanter vos loüanges.

,, Je n'aimerai que vous, vous ſerez deſormais

330 ,, Ma gloire, mon ſalut, mon aſile, ma paix.

REMARQUES.

Vers 312. *Je pleurois, je criois.)* Sub quadam arbore ſtravi me neſcio quomodo, & dimiſi habenas lacrymis, & proruperunt flumina oculorum meorum. *Ibid. c. 12.*

Vers 315. *L'orage ſe calma.)* Statim quaſi luce ſecuritatis infuſa cordi meo, omnes dubitationis tenebræ

diffugerunt.... Dirupiſti vincula mea, tibi ſacrificabo ſacrificium laudis. Laudet te cor meum & lingua mea. *Ibid.*

Vers 325. *Je connus bien alors,&c.)* Quam ſuave mihi ſubito factum eſt carere ſuavitatibus nugarum! *l. 9. c. 1.*

„O loy fainte ! ô loy chere ! ô douceur éternelle !

„Ineffable grandeur ! beauté toûjours nouvelle !

„Verité qui trop tard avez fçu me charmer,

„Helas ! que j'ay perdu de tems fans vous aimer !

REMARQUE.

Vers 334. *Helas ! que j'ay perdu.*) Sero te amavi, pulcritudo tam anti-qua & tam nova, fero te amavi. *l.* 10. *c.* 27.

CHANT.

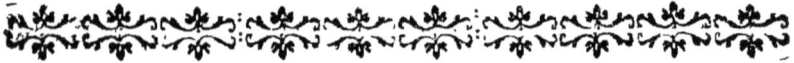

CHANT IV.

REDOUBLONS, s'il se peut, l'ardeur qui
    nous anime,
Elevons notre voix sur un ton plus sublime;
Osons du Dieu vivant celebrer la grandeur,
Osons de ses desseins montrer la profondeur.
5 Desseins toûjours cachez, secrets impenetrables,
Jugemens éternels, Arrêts irrevocables,
Qui reglant l'avenir fixent avant les tems
Et le destin des bons & celui des méchans.
Mystere tenebreux, qui pourra le comprendre?
10 Mais, Seigneur, devant toy tout l'homme n'est que
    cendre.
Sans les examiner qu'il reçoive tes loix.
O Dieu de Verité, quand tu parles, je crois;
De ma fiere raison j'arrête l'insolence,
Loin de t'interroger, je t'adore en silence,
15 Je crois tes dogmes saints, quoiqu'ils me soient
    voilez.
Je les chante; mortels, écoutez, & tremblez.
De nos fragiles corps Dieu conserve la vie,
Lui seul répand le jour dans notre ame obscurcie,

H

POEME

Par lui nos cœurs glacez s'enflamment pour le bien ;

20 Mais ce Dieu donne tout, ne devant jamais rien :

Et la Grace qui rend la nature agiſſante

Eſt l'heureuſe faveur de ſa main bienfaiſante.

Mortels à ſes bienfaits quel droit prétendez-vous ?

Du livre des vivans il peut vous rayer tous.

25 Fils ingrats, fils pecheurs, victimes du ſupplice,

Nous naiſſons tous marquez au ſceau de ſa Juſtice.

Depuis le jour qu'Adam merita ſon courroux

Les feux toûjours brûlans ſont allumez pour nous.

Sous lui, ſous ſes enfans heritiers de ſon crime

30 La même chûte ouvrit un éternel abîme.

Pour un crime pareil ſi l'Ange eſt condamné,

Pourquoi l'homme après lui ſera-t-il épargné ?

Tous deux de la revolte également coupables

REMARQUES.

Vers 20. *Mais ce Dieu donne tout, &c.*) Quibus deeſt tale adjutorium jam pœna peccari eſt, quibus autem datur, ſecundum gratiam datur, non ſecundum debitum. *S. Aug. de corrept. & Grat c. 10.*

Vers 24. *Du livre des vivans, &c.*) Univerſa maſſa pœnas debet, & ſi omnibus debitum damnationis ſupplicium redderetur, non injuſte procul dubio redderetur. *Id. de nat. & Grat. c. 5.*

Cur non omnibus detur *fides* fidelem movere non debet qui credit ex uno omnes iſſe in condemnationem ſine dubitatione juſtiſſimam, ita ut nulla Dei eſſet juſta reprehenſio, etiamſi nullus inde liberaretur. *Id. de præd. Sanctor. c. 8.*

Vers 27. *Depuis le jour qu'Adam, &c.*) Quia per liberum arbitrium

Adam Deum deſeruit, juſtum judicium Dei expertus eſt, ut cum tota ſua ſtirpe, quæ in illo adhuc poſita tota cum illo peccaverat damnaretur. Quotquot enim ex hac ſtirpe gratia Dei liberantur, à damnatione utique liberantur, quæ jam tenentur obſtricti. Unde etiam ſi nullus moraretur, juſtum Dei judicium nemo juſte reprehenderet. Quod ergo pauci in comparatione pereuntium, in ſuo vero numero multi liberantur, gratia ſit, gratis ſit, gratiæ ſunt agendæ quia ſit, ne quis velut de ſuis meritis extollatur, ſed omne os obſtruatur, & qui gloriatur, in Domino glorietur. *de correp. & Gratia c. 10.*

Vers 33. *Tous deux de la revolte, &c.*) Sic Deus ordinavit hominum & angelorum vitam, ut in ea prius

Devoient tous deux s'attendre à des peines fembla-

bles.

35 Sans efpoir de retour l'Ange précipité

Eprouva tous les traits de la feverité.

Des humains en deux parts Dieu fepara la maffe,

Il fit juftice à l'une & l'autre obtint fa grace.

Les hommes, à fes yeux en merites égaux,

40 Reçurent pour partage ou les biens ou les maux.

Nous fûmes tous jugez : de la race profcrite

Sa bonté fepara la race favorite :

Et pour le petit nombre aimé, cheri deflors,

De fes biens éternels il ouvrit les trefors.

45 C'eft ce nombre fi cher, ce celefte heritage

Qu'il referve à fon Fils pour augufte appanage.

Chef de tous les Elûs, Jefus-Chrift par fon Sang,

Luy-mefme élû par Grace a merité ce rang.

Cher & petit troupeau que m'a donné mon Pere,

R E M A R Q U E S.

oftenderet quid poffet eorum liberum arbitriu n , deinde quid poffet
fuæ gratiæ beneficium , juftitiæque judicium. *De correp. & Grat.* c. 10.

Vers 41. *Nous fûmes tous jugez.*)
Elegit nos in ipfo ante mundi conftitutionem, ut effemus fancti & imma-
culati in confpectu ejus in charitate.
Ephef. 1. v. 4.

Elegit ergo nos Deus in Chrifto ante mundi conftitutionem prædefti-
nans nos in adoptionem filiorum ,
non quia per nos fancti & immacu-
lati futuri eramus , fed elegit præ-
deftinavitque ut effemus. *S. Aug. de*

præd. Sanct. c. 18.

Vers 44. *De fes biens éternels, &c.*
Hæc eft prædeftinatio fanctorum, nihil aliud , præfcientia fcilicet & præ-
paratio beneficiorum Dei quibus cer-
tiffime liberantur quicumque liberantur. *De dono perfev.* c. 14.

Vers 47. *Chef de tous les Elûs.*) Qui
prædeftinatus eft Filius Dei. *Aux Romains* c. 1. v. 4.

Sicut prædeftinatus eft ille unus , ut
caput noftrum effet , ita multi præde-
ftinati fumus , ut membra ejus effemus. *S. Aug. de prædeft. Sanct.* c. 15.

Vers 49. *Cher & petit troupeau.*)

50 *Bannis toute frayeur* , dit ce Dieu tutélaire ;

    Je connois mes brebis, je suis toûjours leurs pas ;

    Et l'ennemi cruel ne les ravira pas :

    Sur les tendres agneaux que le Ciel me confie ,

    Sans relâche attentif, je réponds de leur vie.

55   Les hommes par ce choix qui partage leur sort ,

    Sont tous devant celui qui ne fait aucun tort,

    Les uns vases d'honneur, objets de ses tendresses,

    Connus, prédestinez à ses riches promesses ;

    Les autres malheureux, inconnus, reprouvez .

60 Vases d'ignominie, aux flammes reservez.

    Qu'icy sans murmurer la raison s'humilie:

    Dieu permet notre mort ou nous donne la vie:

    Ne lui demandons point compte de ses decrets,

    Qui pourra d'injustice accuser ses Arrêts ?

65 L'homme ce vil amas de boüë & de poussiere

    Soûtiendroit-il jamais l'éclat de sa lumiére ?

    Ce Dieu d'un seul regard confond toute Grandeur ;

REMARQUES.

Noli te t'mere pusillus grex, quia com-placuit 'atri vestro dare vobis regnum. *Luc.* 12. 32. Oves mea non peri-bunt in æternum, & non rapiet eas quisquam de manu mea. *Jean* 10. v.23.

Vers 57. *Les uns vases d'honneur.*) Ut ostenderet divitias gloriæ suæ in vasa misericordiæ, quæ præparavit in gloriam. *Romains* 9. v. 23.

Vers 58. *Connus.*) Præcogniti ante mundi constitutionem. 1. *ep. de S. Pierre.* 1.

Vers 60. *Vases d'ignominie, aux flammes reservez.*) Vasa iræ, apta in interitu n. *Aux Rom.* 9. v. 22.

Vers 64. *Q pourra d'injustice, &c.*) Sufficit scire homini quod non est iniquitas apud Deum : jam quomo-do ista dispenset, faciens alios secun-dum meritum vasa iræ, alios secun-dum gratiam vasa misericordiæ : quis cognovit sensum Domini , aut quis consiliarius ejus fuit ? *S. Aug. contra duas ep. Pelag. l. 1. c. 20.*

Des aftres devant lui s'éclipfe la fplendeur.

Profterné près du trône où fa gloire étincelle

70 Le cherubin tremblant fe couvre de fon aîle,

Rentrez dans le néant, mortels audacieux.

Il vole fur les vents, il s'affied fur les cieux.

Il a dit à la mer, *brife-toi fur ta rive*,

Et dans fon lit étroit la mer refte captive.

75 Les foudres vont porter fes ordres confiez,

Et les nuages font la poudre de fes pieds.

C'eft ce Dieu qui d'un mot éleva nos montagnes,

Sufpendit le foleil, étendit nos campagnes;

Qui pefe l'Univers dans le creux de fa main.

80 Notre globe à fes yeux eft femblable à ce grain

Dont le poids fait à peine incliner la balance.

Il fouffle, & de la mer tarit le gouffre immenfe.

Nos vœux & nos encens font dûs à fon pouvoir;

Cependant quel honneur en peut-il recevoir ?

REMARQUES.

Vers 72. *Il vole fur les vents, il s'affied fur les cieux.*) Qui ponis nubem afcenfum tuum, qui ambulas fuper pœnas ventorum. *Pfalm.* 103.

Vers 75. *Il a dit à la mer, &c.*) Qui pofuit arenam terminum mari, præceptum fempiternum, quod non præteribit, & commovebuntur & non poterunt, & intumefcent fluctus ejus, & non tranfibunt illud. *Jeremie c. 5. v. 22.*

Vers 73. *Les foudres, &c.*) Et miniftros tuos ignem urentem. *Pfal.* 103.

Vers 76. *Et les nuages, &c.*) Et nebulæ pulvis pedum ejus. *Nahum; 1. 3.*

Vers 79. *Qui pefe l'Univers.*) Quis appendit tribus digitis molem terræ, & liberavit in pondere montes & colles in ftatera? *Ifaie c. 40.*

Vers 80. *Notre globe à fes yeux.*) Ecce gentes quafi ftilla fitulæ, & quafi momentum ftateræ reputatæ funt, ecce infulæ quafi pulvis exiguus. *Ibid.*

Vers 82. *Il fouffle, & de la mer, &c.*) Increpans mare & exficcans illud. *Nahum.* Ecce in increpatione mea defertum faciam mare, ponam flumina in ficcum. *Ifaie* 50.

85 Quel bien luy revient-il de nos foibles hommages ?

     Luy seul il est sa fin, il s'aime en ses ouvrages.

     Qu'a-t-il besoin de nous ? d'un œil indifferent,

     Il regarde tranquille & l'estre & le neant.

     Il touche, il endurcit, il punit, il pardonne,

90 Il éclaire, il aveugle, il condamne, il couronne.

     S'il ne veut plus de moi, je tombe, je péris ;

     S'il veut m'aimer encor, je respire, je vis.

     Ce qu'il veut il l'ordonne, & son ordre suprême

     N'a pour toute raison que sa volonté même.

95 Qui suis-je pour oser murmurer de mon sort ?

     Moi conçu dans le crime, esclave de la mort.

     Quoy ! le vase pétri d'une matiere vile

     Dira-t-il au potier, *Pourquoi suis-je d'argile ?*

     Des salutaires eaux un enfant est lavé ;

R E M A R Q U E S.

Vers 89. *Il touche, il endurcit.*) Cujus vult miseretur, & quem vult indurat. *Aux Rom.* 9. 18. Deus indurat, non impertiendo malitiam, sed non largiendo Gratiam. *Saint Augustt.*

Vers 94. *N'a pour toute raison, &c.*) Quare hos elegit in gloriam, & illos reprobravit, non habet rationem, nisi divinam voluntatem. *Thomas* 1. p. q. 23. art. 5.

Vers 95. *Qui suis-je pour oser, &c.*) O homo tu quis es qui respondeas Deo ? Numquid dicit figmentum ei qui se finxit, quid me fecisti sic ? *Aux Rom.* 9. v. 20.

Vers 99. *Des salutaires eaux, &c.*) Sicut duorum geminorum quorum unus assumitur, unus relinquitur, dispar est exitus, merita communia ; in quibus tamen sic alter magna Dei

bonitate liberatur, ut alter nulla ejus iniquitate damnetur . . . . . neque inscrutabilia scrutari, aut investigabilia vestigare conemur. *S. Aug. de dono Persev. c.* 11.

Infantum discerne animos, & differe quales

Affectus, qualesque habeant hæc pectora motus,

Da teneris mores, & libertate volendi

Instrue, vix auræ tenuis, lactisque capaces,

Nulla tibi arbitrii respondent signa, nec ullis

Dissociare pares meritis potes : omnibus una est

Natura, & pariter nequeunt bona vel mala velle.

Et tamen ex istis miseratrix Gratia quosdam

100 Par une prompte mort un autre en eſt privé.

Dieu rejette Eſaü, dont il aime le frere?

Par quel titre inconnu Jacob lui peut-il plaire;

O ſage profondeur ! ô ſublimes ſecrets !

J'adore un Dieu caché, je tremble, & je me tais.

105 Ce Dieu dans ſes deſſeins terrible & toûjours ſage,

Qui ne changeant jamais, change tout ſon ouvrage,

Pour ceux mêmes ſouvent qu'il avoit rendus bons,

Arrête tout à coup la ſource de ſes dons.

Dans cette obſcure nuit l'aſtre ſi neceſſaire,

110 La Foi, quand il le veut, s'éteint ou nous éclaire,

Ce premier des preſens qu'il fait aux malheureux

Leur ouvre le chemin quand il a pitié d'eux.

Que de peuples helas, que de vaſtes contrées

A leur aveuglement ſont encore livrées,

115 Aſſiſes loin du jour dans l'ombre de la mort !

Nous plus heureux, craignons leur déplorable ſort;

Le precieux flambeau qui s'allume par grace

REMARQUES.

Eligit, & rurſum genitos baptiſmate tranſfert.
In regnum æternum, multis in morte reliétis,
Quorum cauſa fuit ſimilis de vulnere eodem, &c.
S. Proſper 3. partie.
  Vers 101. *Dieu rejette Eſaü, &c.*) Jacob dilexi, Eſaü autem odio habui. *Aux Rom.* 9. 13.
  Vers 103. *O ſage profondeur !*) O altitudo divitiarum ſapientiæ & ſcientiæ Dei ! quam incomprehenſibilia ſunt judicia ejus, & inveſtigabiles viæ ejus ! *Rom.* 11. 23.
  Vers 106. *Qui ne changeant jamais.*) Opera mutas, nec mutas conſilium ... immutabilis mutans omnia. *S. Aug. Confeſſ. l. .*
  Vers 11. *Ce premier des preſens, &c.*) Fides initium unde bona opera incipiunt. *De geſtis Pelag, c* 15. Porro fidem quis dat, niſi Gratia? *S. Proſper* p. 2.
  Vers 115. *Aſſiſes loin du jour.*) Sedentes in tenebris & umbra mortis.

Aux Ingrats enlevé, fouvent change de place.

Par le fang des Martyrs autrefois humecté

120 L'Orient, du menfonge eft par tout infecté.

Cette ifle, de Chrétiens feconde pepiniere,

L'Angleterre, où jadis brilla tant de lumiere,

Recevant aujourd'huy toutes Religions,

N'eft plus qu'un trifte amas de folles vifions.

125 Helas! tous nos voifins plongez dans la difgrace

Semblent nous preparer au coup qui nous menace.

Par tout autour de moi quand je tourne les yeux,

Je pâlis, & n'y vois que le courroux des cieux,

Dans les glaces du Nord l'herefie allumée

130 Y répand en fureur fon épaiffe fumée;

Là domine Luther, icy regne Calvin,

Et fouvent où la Foi répand fon jour divin,

La Superftition, fille de l'Ignorance,

Prend de la Pieté la trompeufe apparence.

135 Oüi, nous fommes, Seigneur, tes peuples les plus chers,

Tu fais luire fur nous tous tes rayons les plus clairs,

R E M A R Q V E S.

Pfalm. 106. v. 10.
Vers 118. *Aux Ingrats enlevé, &c.*)
Movebo candelabrum tuum de loco
tuo. *Apoc. 6. 2. v. 5.*

Vers 124. *N'eft plus qu'un trifte
amas de folles vifions.*) Les Anabap-
tiftes, les Trembleurs, les Indépendans,
les Puritains, &c.

Verité

Verité toûjours pure, ô doctrine éternelle ?

La France eſt aujourd'huy ton Royaume fidelle,

Ah ! nos crimes enfin à leur comble montez,

140 Du Ciel lent à punir, laſſeront les bontez.

Puiſſe-t-il être faux ce funeſte preſage,

Mais helas de nos mœurs l'affreux libertinage

A celui de l'eſprit pourra nous attirer.

Déja notre raiſon oſe tout penetrer.

145 Celui dont les bienfaits préviennent nos prieres,

Du ſalut à ſon gré diſpenſe les lumieres ;

Il confond l'orgüeilleux qui cherche à tout ſçavoir ;

Il aveugle celui qui demande à tout voir ;

Pour les ſages du monde il voile ſes myſteres,

150 Il refuſe à leurs yeux les clartez ſalutaires,

Tandis qu'il les revele à ces humbles eſprits ;

A ces timides cœurs de ſon amour nourris,

Qui mépriſent l'amas des ſciences frivoles,

Et tremblent de frayeur à ſes moindres paroles.

155 Un mot eût pu changer les ſages Antonins,

Mais ce mot n'eſt donné qu'aux heureux Conſtan-

tins ;

REMARQUES.

Vers 147. *Il confond l'orgüeilleux qui cherche*, &c.) Qui dat ſecreto-rum ſcrutatores quaſi non ſint ...... repente flavit in eos, & aruerunt, & turbo quaſi ſtipulam auferet eos. *Iſaie c.* 40.

Vers 154. *Et tremblent de frayeur*, &c.) Ad quem reſpiciam niſi ad pau-perculum & contritum ſpiritu, & trementem ſermones meos ? *Iſaie c.* 66.

I

Dieu laiſſe ſans pitié Caton dans la nuit ſombre,

Qui cherchant la vertu n'en embraſſe que l'ombre.

     Mais plus terrible encor prévoyant tous nos pas,

160 Il vient frapper des cœurs qui ne s'ouvriront pas.

     Il verſe ſes faveurs ſur une ame infidelle

Que l'abus de ſes dons rendra plus criminelle ;

Jeruſalem le chaſſe, & rejette ſa paix,

Son ingrate Sion refuſe ſes bienfaits,

165 Et l'on eût vu par lui Tyr & Sidon touchées

Pleurer ſur le cilice & la cendre couchées.

     Au grand jour, il eſt vrai, jour terrible & vengeur,

Sidon ſera traitée avec moins de rigueur.

     Le ſerviteur rebelle aux ordres de ſon Maître

170 Plus puni que celui qui meurt ſans les connoître,

     De tous les biens reçus rend compte au Dieu jaloux ;

Mais l'arrêt de Sidon en devient-il plus doux ?

R E M A R Q U E S.

Vers 160. *Il vient frapper des cœurs.*) Non volentis neque currentis, ſed miſerentis eſt Dei, qui & parvulis quibus vult etiam non volentibus neque currentibus ſubvenit, ... & majoribus etiam his quos prævidit, ſi apud eos facta eſſent, ſuis miraculis credituros, quibus non vult ſubvenire, non ſubvenit, de quibus in ſua prædeſtinatione occulte quidem, ſed juſte aliud judicavit. *S. Aug. de dono perſev. c.* II.

Vers 165. *Et l'on eût vû par luy, &c.*) Væ tibi Corozain, væ tibi Bethſaida, quia ſi in Tyro & Sidone factæ fuiſſent virtutes, quæ factæ ſunt in vobis, olim in cilicio & cinere ſedentes pœniterent : verumtamen Tyro & Sidoni remiſſius erit in judicio quam vobis. *Luc. 10. v.* 13.

Vers 169. *Le ſerviteur rebelle, &c.*) Qui cognovit voluntatem Domini ſui, & non præparavit, & non fecit ſecundum voluntatem ejus, vapulabit multis ; qui autem non cognovit, & fecit digna plagis, vapulabit paucis. *Luc. 12. 47.*

Tremblons jufqu'à la fin. Si l'on ne perfevere

Jamais de fes travaux on n'obtient le falaire ;

175 Jufqu'au dernier inftant il faut toûjours courir.

Près d'atteindre le terme on peut encor perir.

L'auftere penitent, le pâle folitaire,

Couché fur le cilice, & blanchi fous la haire,

Par un foufle d'orgüeil, un impur mouvement,

180 Un defir avoüé, perd tout en un moment ;

Tandis que penetré d'un remord efficace

Vieilli dans les forfaits un brigand prend fa place ;

A la vigne du maître appellé le dernier

185 Il n'arrive qu'au foir, & reçoit le denier.

Quelquefois par l'effet d'une bonté profonde

Où le vice abonda la Grace furabonde ;

Mais quelquefois aussi par un trifte retour

Un cœur où la vertu fit long-tems fon féjour,

REMARQUES.

Vers 173. *Si l'on ne perfevere.*)
Qui autem perfeveraverit ufque in finem, hic falvus erit. *Math.* 24. 13.

Ex duobus piis cur huic donetur perfeverantia ufque ad finem, illi non donetur, infcrutabiliora funt judicia Dei. Illud tamen fidelibus debet effe certiffimum, hunc effe ex prædeftinatis, illum non effe, *nam fi fuiffent ex nobis*, ait unus prædeftinatorum, qui de pectore Domini biberat hoc fecretum, *manfiffent utique nobifcum. S. Aug. de dono perfev. c.* 9.

Vers 182. *Vieilli dans les forfaits.*
Per ftupra, per cædes vitam duxere nefandam,

Et tamen incumbente obitu, jam limite in ipfo
Extremi flatus, miferantem nocte remota
Cognovere Deum, purgatorifque lavacri,
Munere, nulla mali linquentes figna prioris,
Exempti mundo, mutarunt tartara cœlo.
Quæ merita hic numeras ? Si præcedentia cernas,
Impia ; fi quæris poft addita, nulla fuerunt.
S. Profp. 2. *p.*

Vers 186. *Où le vice abonda, &c.*)
Ubi abundavit delictum, fuperabundavit Gratia. *Rom.* 5. 20.

I ij

Las de sa liberté recourt à l'esclavage,

190 Et dans l'abîme affreux plus avant se rengage.

Le dernier coup porté rend le combat certain,

Et pour être vainqueur tout dépend de la fin.

La couronne est placée au bout de la carriere,

Il faut pour la ravir fournir la course entiere.

195 De l'Eglise au berceau l'illustre défenseur,

Et des foibles Chrétiens le severe censeur,

Le soûtien de la Foi, la gloire de l'Afrique,

Tertulien s'égare & perit heretique.

Souvent il est fatal de vivre trop long-tems.

Osius sur la terre avoit brillé cent ans,

200 Fleau des Ariens en détours si fertiles,

Le Pere des Pasteurs, le maître des Conciles,

La mort à ses travaux alloit rendre le prix,

Lorsque las d'un exil où sa Foi l'avoit mis,

R E M A R Q U E S.

Vers 192. *Tout dépend de la fin.*) Afferimus donum Dei esse perseverantiam, qua usque in finem perseveratur in Christo, finem autem dico, quo vita ista finitur, in qua tantummodo periculum est ne cadatur. Itaque utrum quisque hoc munus acceperit, quamdiu hanc vitam ducit incertum est. *S. Aug. de dono perseu. c. 1.*

Vers 195. *De l'Eglise au berceau, &c.*) Tertulien aprés avoir défendu la Religion Chrétienne contre les Payens, aprés avoir combattu les Heretiques, se separa enfin de l'Eglise, & embrassa la Secte des Montanistes.

Vers 200. *Osius, &c.*) Osius Evêque de Cordoüe, que saint Athanase appelle, *le pere des Evêques, le Maître des Conciles, le grand Confesseur de Jesus-Christ,* ne voulant point favoriser les Ariens, fut envoyé en exil par l'Empereur Constantius. Il avoit alors plus de cent ans, aprés avoir souffert pendant une année d'exil beaucoup de mauvais traitemens, enfin il succomba, & signa la formule de Sirmich, dressée par les Ariens : il mourut peu de tems aprés, mais il y a tout lieu de croire qu'il s'est repenti de sa faute. *V. M. de Tillemont, tome 7.*

205 Il ranime une main par vingt luftres glacée,

Pour figner de Sirmich la formule infenfée.

A tout craindre de nous fa chute nous inftruit.

Redoublons notre courfe, & prévenant la nuit,

Hâtons-nous de joüir du jour qui nous éclaire.

210 Mais que fert de courir? répond un temeraire,

Qui m'oppofe un difcours tant de fois repeté.

Dans le Ciel, me dit-il, mon fort eft arrefté :

Pourquoi venez-voùs donc difcoureur inutile,

M'animer aux travaux d'une courfe fterile?

215 Au livre des Elus fi mon nom eft gravé;

Tout crime par la Grace en moi fera lavé.

Si le Ciel en courroux me deftine à la peine,

Pour chercher la vertu ma diligence eft vaine.

C'en eft fait, je veux vivre au gré de mes defirs,

220 J'attendrai mon arrêt dans le fein des plaifirs.

Deteftable penfée l'affreufe confequence!

REMARQUES.

Vers 207. *A tout craindre de nous.*) Ideo non perfeveraturi perfeveraturis providentiffima Dei voluntate mifcentur ut effe difcamus non alta fapientes, fed humilious confentientes, & cum timore & tremore noftram ipforum falutem operemur. *S. Aug. de dono perfev. c. 1.*

Vers 211. *Un difcours tant de fois repeté.*) Fuit quidam in noftro Monafterio, qui corripientibus fratribus cur quædam non facienda faceret, & facienda non faceret, refpondebat, qualifcumque nunc fim, talis ero qualem me Deus futurum

effe præfcivit. Qui profecto & verum dicebat, & hoc vero non proficiebat in bonum : fed ufque adeo profecit in malum, ut deferta Monafterii focietate fieret canis reverfus ad fuum vomitum : & tamen adhuc qualis fit futurus, incertum eft. Numquid ergo propter hujufmodi animas ea quæ de præfcientia Dei vera dicuntur, vel neganda funt, vel tacenda, tunc fcilicet, quando fi non dicantur, in alios itur errores? *S. Aug. de dono perfev. c. 1).*

Vers 221. *Deteftable penfée.*) Sunt qui propterea vel non orant, vel

Ainſi vous vous jugez vous-même par avance.

Dans le trouble où vous jette un douteux avenir,

Ignorant votre arrêt vous l'oſez prévenir.

225 La porte du bonheur en vain vous eſt ouverte,

Vous-même vous voulez aſſurer votre perte.

Le ſuivez-vous en tout, ce vain raiſonnement?

Sans doute Dieu connoît votre dernier moment,

Et votre heure fatale au Ciel déja reglée

230 Jamais par vos efforts ne ſera reculée;

Pourquoi donc dans les maux qui menacent vos jours,

De l'art des Medecins cherchez-vous le ſecours?

De leurs ſoins aſſidus que devez-vous attendre?

Votre courſe eſt fixée, ils ne peuvent l'étendre.

235 Ah, malgré ces raiſons, la crainte de mourir

A des ſecours douteux vous force de courir.

Où ſont donc pour le Ciel les efforts que vous faites!

Pourquoi n'y point courir, inſenſez que vous êtes?

J'ignore comme vous quel ſort m'eſt reſervé,

REMARQUES.

frigide orant, quoniam Domino di-
cente didicerunt, ſcire Deum quid
nobis neceſſarium ſit, prius quam
petamus ab eo. Num propter tales
hujus ſententiæ veritas deſerenda,
aut ex Evangelio delenda putabitur?
S. Aug. ibid.

Cyprianus & Ambroſius cum ſic
prædicarent DeiGratiam ut unus eorum, diceret in nullo gloriandum
quoniam noſtrum nihil eſt; alter autem non eſt in poteſtate noſtra cor
noſtrum & noſtræ cogitationes: non tamen hortari & corripere deſtiterunt
ut fierent præcepta divina: Nec ti-
muerunt ne diceretur eis, quid nos
hortamini? quid & corripitis ſi non
eſt in poteſtate noſtra cor noſtrum?
&c. Ibid. c. 19.

Vers 28. Pourquoi n'y point courir.)
Sic currite ut comprehendatis. 1. Corinth. 9. 24.

240 Mais pour me consoler, vivrai-je en reprouvé ?

Non, pour mourir en saint, c'est en saint qu'il faut

vivre ;

Je me crois des Elus, je m'anime à les suivre ;

Si mon sort est douteux, je le rendrai certain.

Je travaille, je cours, & ne cours pas en vain.

245 Des maîtres le plus doux, des peres le plus tendre

Dieu m'appelle & me dit qu'à lui je puis préten-

dre,

Que je suis son enfant, qu'il veut me rendre heu-

reux :

250 De mon esprit j'écarte un trouble dangereux ;

Et loin que mon arrêt m'inquiete & m'allarme,

J'espere tout d'un Dieu dont la bonté me charme ?

J'envisage les biens que m'a fait son amour

Comme un gage de ceux qu'il veut me faire un jour.

255 Pourquoi de ses faveurs comblé dès ma naissance,

Former pour l'avenir un soupçon qui l'offense ?

Non, j'y consens, qu'il soit seul maître de mon sort.

REMARQUES.

Vers 241. *Non, pour mourir en saint, &c.*) Quid formidas, quid metuis, si in via ambulas ? Tunc time si deseris viam. *S. Aug. serm.* 142.

Vers 243. *Si mon sort est douteux.*) Fratres satagite ut per bona opera certam vestram vocationem & electionem faciatis. 2. *Pet.* 1. 30.

Vers 244. *Je travaille, je cours,*

&c.) Ego igitur sic curro, non quasi in incertum ; sic pugno, non quasi aerem verberans . . . . . ne forte cum aliis praedicaverim, ipse reprobus efficiar. 1. *Corinth.* 9. 26.

Vers 255. *Non, j'y consens, &c.*) Absit à vobis, ideo desperare de vobis, quoniam spem vestram in ipso habere jubemini, non in vobis, ma-

Il m'aime, du Pecheur il ne veut point la mort;
Il pardonne, il invite au retour falutaire
Celui qui s'accumule un trefor de colere.

A toute heure aux méchans il prodigue fes dons;
260 Son foleil luit fur eux ainfi que fur les bons,
Il punit à regret, & ce n'eft qu'en partie
Qu'il frappe fur l'ingrat que fon courroux châtie.

C'eft à vous, c'eft à moi que le Ciel eft promis,
C'eft pour nous qu'à la mort il a livré fon fils.

265 Oüi, Dieu veut le falut de tous tant que nous fommes;

Jefus-Chrift a verfé fon Sang pour tous les hommes.

Que celui qui perit ne s'en prenne qu'à foi;
Malheureux Ifraël, ta perte vient de toi.

Vous craignez du Seigneur les arrêts formidables,
270 Cependant vous perdez fes momens favorables,

R E M A R Q U E S.

lediêtus enìm omnis qui fpem habet in homine, & bonum eft confidere in Domino quam confidere in homine, quia beati omnes qui confi-
dunt in eum. *S. Aug. de dono perfev.*
c. 22.

An vero timendum eft ne tunc homo de fe defperet quando fpes ejus
ponenda demonftratur in Deo, non
autem defperaret, fi eam in fe ipfo,
fuperbiffimus & infeliciffimus pone-
ret? *Ibid.*

Vers 256. *D. Pecheur, &c.*) Nolo
mortem impii, fed ut convertatur

impius à via fua, & vivat. *Ezech.* 33.
11.

Vers 260. *Son foleil luit, &c.*) Qui
folem fuum oriri facit fuper bonos &
malos, & pluit fuper juftos & injuf-
tos. *Matth.* 5. 45.

Vers 266. *Jefu-Chrift a verfé fon
Sang.*) Pro omnibus mortuus eft. 2
Cor. 5. 15.

Vers 268. *Malheureux Ifraël.*) Per-
ditio tua, Ifrael: tantummodo in me
auxilium tuum. *Ofée.* 13. 9.

Vers 270. *Cependant vous per-
drez, &c.*) Mifericors & miferator

Et

Et lorſqu'il vient à vous, vous lui fermez vos cœurs.

Helas ! combien de fois vous offrant ſes faveurs

Vous a-t-il ranimez par des graces nouvelles ?

Et que n'a-t-il point fait ? un oiſeau ſous ſes aîles

275 Raſſemble ſes petits trop foibles pour voler :

C'eſt ainſi qu'en ſon ſein il veut vous raſſembler.

Les maux que vous ſouffrez, c'eſt lui qui les envoye,

Par tendreſſe pour vous il trouble votre joye,

De vos plaiſirs honteux il veut vous détacher,

280 Au monde malgré vous il veut vous arracher,

Cependant de ce monde eſclaves volontaires,

Vous rejettez toûjours ſes rigueurs ſalutaires.

Mais pourquoi, direz-vous, ce Dieu de charité

Montre-t-il dans ſon choix tant de ſeverité ?

285 Si lui-ſeul à ſes dons nous peut rendre fidelles,

S'il veut notre ſalut, pourquoi tant de rebelles ?

Entre tant d'appellez pourquoi ſi peu d'élus ?

Leur foible nombre échappe à nos regards confus.

Les épics épargnez par la main qui moiſſonne,

290 Ces reſtes que le maître aux glaneurs abandonne,

Et les grappes que laiſſe un vendangeur ſoigneux,

R E M A R Q U E.

Dominus in his quibus veniam dedit, in his quibus adhuc non dedit, longanimis, non damnans, ſed ex-
pectans, ipſa expectatione clamans
convertimini ad me, & convertar ad
vos....... Diſtribuit tempora, vocat
te nunc, exhortatur te nunc : ex-
pectat donec reſipiſcas : & tu tardas ?
S. Aug. enarr. in Pſal. 144.

K

Images des élus ſont auſſi rares qu'eux.

Nous ne voïons en Dieu que juſtice & colere,

Eſt-ce ainſi qu'il nous aime ? Eſt-ce ainſi qu'il eſt

    Pere ?

295 Nous tremblons.... C'eſt aſſez, uniſſons notre Foi ;

    Je tremble comme vous, eſperez comme moi.

    Il eſt Pere, il eſt Dieu ; je crains le Dieu terrible,

    Mais je cheris le Pere à mes malheurs ſenſible,

    Sans peine devant lui ſoûmettant mon eſprit,

300 Je crois ce qu'il revele, & fais ce qu'il preſcrit.

    Je laiſſe murmurer ma raiſon orgueïlleuſe,

    Je ſçai que ſa lumiere eſt ſouvent perilleuſe ;

    Je me livre à la Foi, je marche à ſa clarté,

    Celui qu'elle conduit n'eſt jamais écarté ;

305 Je ne puis de la Grace atteindre le myſtere ;

    Mais Dieu parle, il ſuffit, c'eſt à l'homme à ſe taire.

    Lorſque voulant ſonder ſes terribles decrets,

    Nous portons juſqu'au Ciel nos regards indiſcrets,

    Quand nous oſons percer le voile reſpectable

310 Dont ſe couvre à nos yeux ce Dieu ſi redoutable,

    Sa gloire nous opprime ; ébloüis, aveuglez,

    Du poids de ſa grandeur nous ſommes accablez.

R E M A R Q U E.

Vers 311. *Sa gloire nous opprime.*) metur à gloria. *Prov.* 25. 27.
Qui ſcrutator eſt majeſtatis, oppri-

Ah, refpeçtons celui qui veut être invifible,

Et craignons d'irriter fa majefté terrible.

315 Mais la fainte frayeur que l'homme en doit avoir,

C'eft de toy feul, grand Dieu, qu'il la peut recevoir.

Apprens-nous à t'aimer, apprens-nous à te craindre.

De tes deffeins cachez eft-ce à nous de nous plaindre?

Détourne loin de nous cet efprit curieux

320 Qui rend l'homme infolent, fi coupable à tes yeux.

Adoucis la fierté de ceux qui font rebelles,

Daigne affermir encor ceux qui te font fidelles,

Donne-nous ces fecours que tu nous a promis,

Donne la Grace enfin même à fes ennemis.

R E M A R Q U E S.

Vers 321. *Adoucis la fierté, &c.*) Malos quæfumus bonos tacito, bonos in bonitate conferva. *Ancienne Priere de l'Eglife d'Orient.*

Vers 324. *Donne la Grace enfin, &c.*) Oremus dilectiffimi, oremus ut Deus Gratiæ det etiam inimicis noftris, maximeque fratribus & dilectoribus noftris, intelligere & confiteri, poft ingentem & ineffabilem ruinam, qua in uno omnes cecidimus, neminem nifi Gratia Dei liberari, eamque non fecundum merita accipientium tamquam debitam reddi, fed tamquam veram gratiam nullis meritis præcedentibus gratis dari. *S. Aug. de dono perfev. c. 23.*

F I N.

AVERTISSEMENT.

A Prés les premieres lectures que je fis du Poëme de la Grace, plusieurs de ceux qui l'avoient entendu, soit qu'ils crussent découvrir en moi quelques talens pour les vers, soit qu'ils voulussent seulement me faire un compliment flateur, m'exhorterent à m'appliquer à la Tragedie qui me fourniroit, disoient-ils, des sujets plus propres à la Poësie & plus conformes au goût des hommes. Peut-être me serois-je laissé seduire, & malgré mon peu de genie, aurois-je eu la temerité de me tourner vers le Theatre, si je n'avois été retenu par les conseils de quelques amis sinceres qui me representant les grandes difficultez du Poëme dramatique, m'exhorterent en même tems à ne point profaner une muse qui avoit consacré à la Religion les premices de son travail. Des avis si sages firent impression sur moi, & pour montrer que j'estois resolu à les suivre, je composai cette Epitre, dans laquelle je remonte à la naissance de la Poësie, qui chez tous les peuples a tiré son origine de la Religion.

J'ay placé cette époque au passage de la mer rouge, parce que nous n'avons point de cantique plus ancien que celui qui fut composé par Moyse aprés ce grand évenement : & voici comme le sçavant Monsieur Bossuet Evêque de Meaux, parle de ces sortes de cantiques, dans son admirable Discours sur l'Histoire Universelle. Les Peres les apprenoient à leurs enfans, ils se chantoient dans les Fêtes & dans les assemblées, & perpetuoient la memoire des actions les plus éclatantes des siecles passez : de-là est née la Poësie changée dans la suite en plusieurs formes... C'étoit Dieu & ses œuvres merveilleuses qui faisoient le sujet de nos Odes. Dieu les inspiroit lui-

même, & il n'y a proprement que le peuple de
Dieu où la Poëfie foit venuë par entoufiafme.

Une origine fi illustre prouve affez combien la Poëfie
s'eft avilie depuis qu'elle a pris l'Amour pour fon
fujet favori ; malgré cette raifon, l'on paffe pour un
Cenfeur outré, lorfqu'on condamne les Poëfies qui
n'ont d'autre objet que le plaifir; la plûpart des hommes prétendent avoir l'heureux privilege d'être à l'abri
de tout danger, & de pouvoir en fureté voir les fpe-
Etacles, & lire les vers les plus paffionnez. Ovide
cependant qui connoiffoit affez le cœur de l'homme,
& qui en avoit éprouvé toutes les foibleffes, pen-
foit d'une maniere bien differente. Ovide affurément
ne fera jamais regardé comme un Cenfeur trop fe-
vere; je puis citer ici fon autorité, parce qu'elle eft
grande en cette matiere, & que ce qui eft condamné
par un tel juge, doit eftre juftement condamné; c'eft
lui qui a regardé le Theatre comme un lieu fatal à
l'innocence,

Dearte
aman-
di.   Ille locus cafti damna pudoris habet.

Enfin c'eft ce tendre Autheur qui défend la lecture
des Poëtes auffi tendres que lui; c'eft Ovide qui avant
moi a fait le procés à Sapho, à Catulle, à Tibulle, &
qui fe l'eft fait à luy-mefme.

De re-
medi
amoris   Eloquar invitus, teneros ne tange poëtas,
　　Submoveo dotes impius ipfe meas.
Callimachum fugito, non eft inimicus amori,
　　Et cum Callimacho tu quoque, Coë noces.
Me certe Sappho meliorem fecit amicæ,
　　Nec rigidos mores Teïa Mufa dedit.
Carmina quis potuit tuto legiffe Tibulli,
　　Vel tua, cujus opus Cinthia fola fuit?
Quis potuit lecto durus difcedere Gallo?
　　Et mea nefcio quid carmina dulce fonant.

E P I S T R E
A MONSIEUR
DE VALINCOUR,

Secretaire General de la Marine, & des Commandemens de Monseigneur le Comte de Toulouse.

AUX combats de la scene en vain, cher VALINCOUR,

Des amis trop flateurs m'excitant chaque jour,

M'y promettent déja ces éclatans suffrages,

Que le Public content donne aux jeunes courages;

5 Quoique de ce discours le charme dangereux

Tenté aisément un cœur de la Gloire amoureux,

C'est à tes seuls avis que je prête l'oreille :

Loin de porter envie aux rivaux de Corneille,

Sans peine à tes leçons je veux m'assujettir,

10 Et j'aime les travaux exempts du repentir.

Lâches Divinitez, Vierges voluptueuses,

Muses qui seduisez les ames vertueuses,

Pourquoi vous prêtez-vous à ce funeste employ?

De la Religion ignorez-vous la Loy?

15 C'est elle qui de l'homme élevant le genie,

Autrefois enfanta la fublime harmonie;

Et pour chanter de Dieu les grandeurs & les dons;

Des Lyriques accords forma les nobles fons.

    Quand les Juifs d'un barbare évitoient la pour-
fuite,

20 La mer les vit paroître, & foudain prit la fuite;

Pour conduire Ifraël par des fentiers nouveaux,

Le fouffle du Seigneur ouvre le fein des eaux;

L'onde refte immobile, & bientôt ranimée,

De la fuperbe Egypte enfevelit l'armée.

25 Après ce grand fpectacle, & ce prodige heureux;

Un tranfport tout divin s'empare des Hebreux;

Moyfe plein du feu dont fon ame eft faifie,

Entonne un faint cantique, augufte Poëfie,

Et celebre le Dieu dont le bras étendu,

30 Des flots fur le feul Juif tint l'amas fufpendu:

Tout le peuple y répond, & fa reconnoiffance

Ainfi des premiers vers confacra la naiffance.

    Des bienfaits du Seigneur le tendre fentiment

Imprime à tous les cœurs ce mefme mouvement,

35 Et l'ardeur d'exprimer noblement fon hommage;

REMARQUE.

VERS 19. *Quand les Juifs, &c.*] Je ne prétends pas que le cantique fur le paffage de la mer rouge, foit le premier que les hommes ayent compofé, mais il me fuffit que nous n'en connoiffions pas de plus ancien.

                              Des

Des vers au Payen même inspira le langage.

Lorsqu'après son travail le Laboureur joyeux,

Dans les jours solemnels remercioit les Dieux,

Et voyant sous ses toits les moissons amassées,

40 Perdoit le souvenir de ses peines passées ;

Alors soit par instint, soit même par hazard,

Formant dans ses transports les loix d'un nouvel

art,

A des chants mesurez il asservit ses danses,

45 Et conduisit ses pas par de justes cadences.

Ainsi la Poësie en toute nation,

Doit sa naissance illustre à la Religion.

Mais aux traits de la mere où l'innocence brille,

Qui pourroit aujourd'huy reconnoître la fille ?

50 Bien-tôt même fuyant les regards maternels,

Elle alla se jetter en des bras criminels :

Non loin de son berceau déja défigurée,

Yvre des faux plaisirs, aux mensonges livrée,

Elle osa leur servir de funeste instrument,

R E M A R Q U E.

Vers 37. *Lorsqu'aprés son travail.*)
Agricola , assiduo primum satiatus
  aratro ,
    Cantavit , certo rustica verba pe-
  de.
Et satur arenti primùm est modulatus
  avena ;
    Carmen , ut ornatos diceret ante
  deos.
Agricola & minio suffusus , Bacche,
  rubent ,

Primus inexperta duxit ab arte
  choros.
Tibull. l. 2. eleg. I.
Agricolæ prisci , fortes , parvoque
  beati ,
Condita post frumenta, levantes tem-
  pore festo,
Corpus , & ipsum animum spe finis
  dura ferentem ,
Cum sociis operum , &c.
Horat. ep. 1. *l.* 2.

L

Et prêchant aux humains le vice effrontément,

55 Les écarta de Dieu loin de les y conduire,

Et corrompit des cœurs qu'elle devoit instruire.

Homere le premier, fertile en fictious,

Transporta dans le Ciel toutes nos passions.

C'est lui qui nous fait voir ces maîtres du tonnerre,

60 Ces Dieux dont un clin d'œil peut ébranler la terre,

Injustes, vains, craintifs, l'un de l'autre jaloux,

Au sommet de l'Olympe aussi foibles que nous :

Et c'est lui-même encor dont la main dangereuse

A tissu de Venus la ceinture amoureuse.

65 Les feux qui de Sapho consumerent le cœur,

Dans ses écrits encore exhalent leur chaleur,

Pour chanter les exploits des Heros qu'il admire,

Le foible Anacreon en vain monte sa lire,

Les cordes sous ses doigts ne resonnent qu'amour.

70 Athenes, il est vrai, tu le sçais, VALINCOUR,

Par ces vers seduisans que dicte la mollesse,

N'a jamais du cothurne avili la noblesse.

Le spectateur alors n'étoit point affoibli

Par les lâches discours d'un Heros amolli,

REMARQUES.

Vers 58. *Transporta dans le Ciel.*) Hu-ana ad deos transtulit, divina mallem ad nos. *Ci eron.*

Vers 65. *L seu'x qui de Sapho.*) Vivuntque commissi calores Eoliæ fidibus puellæ.

Horat Od .9. l. 4.

Vers 69. *Les cordes sous ses doigts.*) Α βαρβιτ⊙ δὶ χ'ρδαῖς Ε ρωτα μομ ον ηχεῖ *Anacr. Od. 1.*

75 La scene par l'amour ne fut pas infectée,

L'oreille vertueuse y parut respectée.

Là Sophocle aux mortels, pour affermir leurs cœurs,

Des folles passions dépeignit les malheurs.

Là, pour donner du vice une horreur salutaire,

80 Oedippe vint gemir d'un crime involontaire.

Le chœur y consoloit l'innocent abattu,

Effrayoit le coupable, & chantoit la vertu.

Mais ainsi que Sophocle, Euripide à la Grece

S'efforçoit vainement d'inspirer la sagesse,

85 L'effet de ces leçons étoit bien-tôt détruit.

L'impie Aristophane en corrompoit le fruit.

Ce funeste censeur, sous le masque comique

Joignant à ses bons mots la liberté cinique,

Paré du beau dessein de reformer les mœurs,

90 Par des tableaux trop nuds exposoit leurs horreurs.

Satyrique implacable immoloit à sa haine,

Les noms les plus fameux que respectoit Athene,

La vertu de Socrate irritant son courroux,

Le Heros des Payens expira sous ses coups.

REMARQUES.

Vers 81. *Le chœur y consoloit.*)
Ille bonis favearque & concilietur amicis,
Et regat iratos & amet peccare timentes,
.... Deosque precetur & oret,
Ut redeat miseris, abeat fortuna superbis.

Horat. art. Poet. Vers 200.
Vers 92. *Les noms les plus fameux.*)
Pericles, Alcibiade, &c.
Vers 94. *Le Heros des Payens.*)
Il fut cause de la mort de Socrate par le mépris qu'il inspira aux Atheniens pour luy.

95 Enfin contre le Ciel portant ſa raillerie,

Il joüoit hardiment les Dieux de ſa Patrie,

Et tout le peuple en foule, au Theatre accouroit,

Pour rire de ces Dieux qu'au Temple il adoroit.

Lorſque Rome eut dompté la Grece par ſes armes,

100 La Grece en ſe vengeant la dompta par ſes charmes,

Et captivant ainſi ſes farouches vainqueurs,

Forma des écrivains pour corrompre leurs cœurs,

La molle volupté reſpire dans Tibulle,

Et la pudeur rougit au ſeul nom de Catulle.

105 Ovide à ſes lecteurs apprend l'art d'allumer

Des feux, déja ſans lui trop promts à s'enflâmer.

Horace en nous montrant des images impures,

Deshonore ſouvent ſes plus belles peintures.

En vain par Juvenal le vice eſt combattu,

110 Sa trop libre ſatyre irrite la vertu.

Martial effronté parle ſans retenuë,

L'œil chaſte ſur ſes vers n'oſe arrêter ſa vûë,

Les Poëtes de Rome en reſſentent les mœurs,

On reconnoît chez eux la Cour des Empereurs.

115 Dans ces tems, il eſt vrai, Venus avoit des Tem-
ples,

REMARQUE.

Vers 99. *Lorſque Rome eut dompté.*) *Intulit agreſti Latio,* &c.
Græcia apta ferum victorem cœpit, *Hor. ep.* 1. *l.* 2.
& artes.

Le crime autorifé par d'auguftes exemples;

Ne paroiffoit plus crime aux yeux de ces mortels,

Qui d'un Mars adultere encenfoient les Autels.

Sur une terre impie, & fous un Ciel coupablé,

120 Le chantre des plaifirs pouvoit être excufable.

Cependant aujourd'hui les enfans de la Foi

D'un plus fage tranfport ont-ils fuivi la Loi?

Helas! dreffant par tout un piege à l'innocence,

Des Romains & des Grecs il paffent la licence.

125 Je pleure avec raifon tant de rares efprits,

Qui pouvant nous charmer par d'utiles écrits;

Des dons de la nature ont perdu l'avantage,

Et foüillé des talens dignes d'un autre ufage.

Des difcours trop groffiers le theatre épuré,

130 Cependant à l'amour eft par nous confacré.

Là de nos voluptez l'image la plus vive

Frappe, enleve les fens, tient une ame captive?

Le jeu des paffions faifit le fpectateur,

REMARQUE.

Vers 123. *Helas! dreffant partout.*]
Le Chancelier de l'Hôpital dans le
premier livre de fes Epiftres, fe plaint
auffi de l'abus que les Poëtes font de
leurs talens.
———— Qui fit res carmine facras
Ut pauci tractent hodie, vix unus &
alter,
Vatibus innumeris cum Regia poft-
ftrabat aula?
An genus hoc hominum nullos, Epi-
curus ut olim,
Autumat effe deos, &c.

Et le Fulvio Tefti reproche pareille-
ment a l'Italie, le mauvais ufage qu'el-
le fait de la Poefie.
Bella Italia perdona,
A' defti miei, fe ti parran morda-
ci,
Fatto vil per lafcivia d'l cantar Tof-
co:
Gia dilatato il tofco,
Serpe per ogni penna; e moftrar nu-
de,
Proftitute le mufe oggi è virtude.

Il aime, il hait, il pleure, & lui-même est acteur.

135 D'un Heros soûpirant là chacun prend la place,

Et c'est dans tous les cœurs que la scene se passe.

Le poison de l'amour a bientôt penetré,

D'autant plus dangereux qu'il est mieux préparé.

Ce feu toûjours couvert d'une trompeuse cendre,

140 S'allume au moindre souffle, & cherche à se répan-

dre,

Gardons-nous d'irriter ce perfide ennemi,

Dans le cœur le plus froid il ne dort qu'à demi:

Et perisse notre art, que nos lyres se taisent,

145 Si c'est à l'amour seul que les hommes se plaisent.

Non, ne le croyons pas; à nos chants instructifs

Toûjours la verité doit les rendre attentifs.

Rarement, dira-t-on, par des douceurs pareilles

Une muse pieuse a charmé leurs oreilles;

Nos Poëtes Chrétiens presque tous ennuieux,

150 Ont à peine formé des sons harmonieux.

Mais des Poëtes seuls accusons la foiblesse.

Aux prophanes travaux livrez dans leur jeunesse,

Pour reparer enfin leurs vers pernicieux,

Ils ont offert à Dieu, digne offrande à ses yeux!

155 Les restes languissans d'une veine épuisée,

Et les froids mouvemens d'une chaleur usée.

Celui qui montrant Phedre en proye à ses fureurs

Pour elle nous força de répandre des pleurs,

Sçut depuis, il eft vrai, devenu plus grand maître,

160 Avec le feul fecours d'un enfant & d'un Prêtre,

Sur un ouvrage faint attacher tous les yeux,

Et fortir de fa courfe encor plus glorieux.

Auffi nous peignit-il ce Joad intrepide,

Cet aimable Joas, cette Reine homicide,

165 Sans attendre que l'âge amenant la langueur,

Eût de l'auteur de Pheatre affoibli la vigueur.

Jeune & plein de courage abandonnant la fcene,

D'où tant de vieux foldats ne s'arrachent qu'à peine,

De fes nobles exploits il fufpendit le cours;

170 Et fuïant les honneurs qui le cherchoient toûjours,

Il courut de bonne heure à la fainte lumiere,

Qu'apperçut la Fontaine au bout de fa carriere.

La vieilleffe fouvent réforme un libertin,

Et même donne à Dieu la plume d'Aretin,

175 L'homme eft long-tems féduit par de fauffes ima-

ges;

Mais la mort qui s'approche écarte ces nuages.

Captive jufqu'alors, enfin la verité

REMARQUES.

Vers 172. *Qu'apperçut la Fontaine.*)
Tout le mond? ? ?? la doul? ??que ?a
Fontaine rémoigna à la fin de fa vie,
fur plufieurs de fes ouvrages.

Vers 172. *La plume d'Aretin.*) Aretin fur la fin de fes jours compofa

des Paraphrafes fur les Pfeaumes de
la Penitence, la vie de la fainte
Vierge, celle de fainte Catherine de
Sienne, celle de faint Thomas d'A-
quin, &c.

Sort du fond de son cœur, & parle en liberté.

Il ecoute sa voix, il change de langage,

180 De l'esprit & du tems il regrette l'usage ;

Regrets tardifs d'un bien qui n'est jamais rendu,

L'esprit est presque éteint, & le tems est perdu.

Ne perdons point le nôtre ; heureux dans sa jeu‑
nesse

Qui prévoit les remords de la sage vieillesse !

185 Mais plus heureux encor qui sçait les prévenir,

Et commence ses jours comme il veut les finir !

Ainsi quoiqu'à mes yeux le Theatre ait des char‑
mes,

Je fuis, & ne veux point me preparer des larmes,

Dussai-je y disputer aux plus fameux guerriers,

190 Il me faudroit enfin pleurer sur mes lauriers.

Si l'Auteur de mes jours, pour suivre son modele,

M'a laissé de son feu quelque vive étincelle,

Si le sang plein d'ardeur dans mes veines transmis,

Digne encor de sa source en conserve le prix,

195 J'oserai n'enseignant qu'une sage doctrine,

Rappeller l'art des vers à sa sainte origine.

Puisse mon coup d'essai par un succés heureux,

Affermir dans mon cœur ce projet genereux.

Par mes premiers accens la Grace celebrée,

200 Rend ma timide voix déja plus assûrée.

A ses

A fes ordres divins fes bienfaits m'ont foûmis ;

C'eft elle à qui je dois tant d'illuftres amis,

Qui pour mieux me prouver leur fincere tendreffe ;

Par d'utiles confeils foûtiennent ma jeuneffe.

205 C'eft elle, VALINCOUR, qui m'entraînant chez toi,

T'infpira l'amitié que tu reffens pour moi.

C'eft elle, de mes vers recompenfe honorable !

Qui conduifit mes pas dans ce lieu refpectable,

Où fon fouffle fecond faifoit toûjours fleurir

210 Ces fruits de la vertu que rien ne peut flétrir ;

Le folide bonheur, la joye inalterable,

La fincere conftance, & la paix delectable.

O Frefne, lieu charmant, cher à mon fouvenir !

Des biens que tu m'as faits prompt à m'entretenir,

215 Mon cœur reconnoiffant me rappelle à toute heure

Ces jours delicieux coulez dans ta demeure,

Ces exemples fi faints dont il y fut témoin,

Et fans ceffe il m'anime à les fuivre de loin.

REMARQUE.

Vers 208. *Qui conduifit mes pas.*) Je compofai cette Epiftre dans le tems que j'avois l'honneur d'être à Frefne, & ce fut le Poème de la Grace qui me procura le bonheur d'y être reçu.

M

O D E.

CHARME' de mon loifir, & de ma folitude,
    Que les Grands à l'envie m'appellent auprès
        d'eux,
On ne me verra point chercher la fervitude,
    Lorfque je fuis heureux.

Faut-il courir fi loin, infenfez que nous fommes,
Pour trouver ce bonheur que nous defirons tous !
Retranchons nos defirs, n'attendons rien des hommes,
    Et vivons avec nous.

Déja trop accablez de peines neceffaires,
Pourquoi groffir encor la fource de nos pleurs ?
Epargnons-nous du moins tous les nœuds volontaires;
    Ménageons nos douleurs.

Qu'un lâche courtifan chaque jour importune
Le Prince dont il peut effuyer la fierté,
Je n'irai point à ceux qu'éleve la Fortune
    Vendre ma liberté.

M ij

Dans les Palais des Grands un coup d'œil nous captive,

L'homme y croit follement trouver un heureux sort,

En entrant il le perd ; libre quand il arrive,

    Esclave quand il sort.

        ఴఴ

Le sage toutefois ne pourra jamais l'être ;

Pour l'homme vraiment libre il n'est point de lien.

Au milieu de la Cour il ne trouve aucun maître,

    Lui seul il est le sien.

        ఴఴ

Ni l'or, ni les honneurs ne le rendent fidelle,

La vertu qui le guide est son unique appui.

Quand il arrive au Louvre, il y monte avec elle ;

    Elle en sort avec lui.

        ఴఴ

Il sert sans interêt ceux que la terre adore,

Ce qu'ils ont à donner ne flate point ses vœux,

Il n'en desire rien ; & lui seul les honore,

    S'oubliant auprès d'eux.

        ఴఴ

R E M A R Q U E S.

Stance cinquiéme. *Libre quand il arrive, esclave, &c.* Cette pensée est imitée de deux vers de Sophocle qui m'ont fourni l'idée de cette Ode.

Οςις δὲ πρὸς τύραννον εμπορευ'ται

Κείνου 'τι δοῦλος κα'ι ιλεύθερ@ μόλη

Quiconque entre chez un Roy, devient son esclave, quoiqu'il y soit entré libre.

Zenon retourna ainsi cette pensée.

δυχ ἔςι δοῦλ@ ἄν ιλεύθερ@ μόλη.

S'il y est entré libre, il n'en sort point esclave.

V. *Plutarque* dans le *Traité comme on doit écouter les Poëtes.*

Lorſque l'air eſt ſerein, il prévoit la tempête;
L'air ſe trouble, la nuit ne peut l'intimider;
Sans changer de viſage, il entend ſur ſa tête
  Le tonnerre gronder.

෴

La ſolide grandeur dont l'éclat l'environne,
Dans ſa diſgrace encor répand un plus grand jour;
Nous le felicitons quand la Cour l'abandonne,
  Et nous plaignons la Cour.

෴

Si quelqu'un croit ici que ma muſe ſe jouë,
Et d'un tableau menteur invente chaque trait;
Alcandre qu'il te voye, & qu'alors il avouë
  Que j'ai peint ton portrait.

෴

Ah! ſi par leurs vertus, par leur douceur extrême,
Les Princes, comme toi, charmoient tout l'Univers;
Que je perdrois bien-tôt la liberté que j'aime,
  Pour courir dans leurs fers!

෴

Mais plûtôt qu'enchanté de leur vaine opulence,
Je recherche un honneur d'amertumes rempli,
Je veux loin des Palais vivre dans le ſilence,
  Et mourir dans l'oubli.

෴

J'aurai de mon bonheur une entiere affurance;
Je braverai du fort le caprice inconftant.
Tranquille, délivré de crainte & d'efperance,
   Pauvre & toûjours content.

࿇

Apollon quelquefois viendra dans ma demeure,
Les Mufes m'offriront leurs charmes innocens;
Douces divinitez, c'eft pour vous qu'à toute heure
   Je veux brûler l'encens.

࿇

Que de momens heureux fe pafferont à lire
Des Grecs & des Romains les utiles écrits!
Moi-même j'oferai repeter fur ma lyre
   Ce qu'ils m'auront appris.

࿇

Et dans l'inftant fatal où la Parque ennemie
Coupera de mes jours le fil delicieux,
Sans accufer la mort, fans regretter la vie,
   Je fermerai les yeux.

F I N.